张嵚◎主编

沉舟◎著

宋朝 不可不知的历史细节

穿越 百事通

古吴轩出版社

图书在版编目（CIP）数据

宋朝不可不知的历史细节 / 沉舟著. — 苏州：古
吴轩出版社，2012.7（2020.6重印）
（穿越百事通 / 张嵚主编）
ISBN 978-7-80733-822-2

Ⅰ．①宋… Ⅱ．①沉… Ⅲ．①中国历史—宋代—通俗
读物 Ⅳ．①K244.09

中国版本图书馆CIP数据核字（2012）第135799号

策　　划：李宁军
责任编辑：张　颖
装帧设计：唐　朝
责任校对：张　蕾
责任照排：殷文秋

书　　名：**穿越百事通　宋朝不可不知的历史细节**
主　　编：张　嵚
著　　者：沉　舟
出版发行：古吴轩出版社
　　　　　地址：苏州市十梓街458号　　　邮编：215006
　　　　　电话：0512-65233679　　　　　传真：0512-65220750
印　　刷：洛阳和众印刷有限公司
开　　本：710×1000　1 / 16
印　　张：14.25
版　　次：2012年7月第1版
印　　次：2020年6月第2次印刷
书　　号：ISBN 978-7-80733-822-2
定　　价：29.80元

如有印装质量问题，请与印刷厂联系。0379-64606268

目 录

【引 言】

　　生活在一个连喝水走路都能不小心穿越，摔个跟头都能把脑电波"甩"出来的时代。了解那么点穿越必须的常识绝对是和拿个电脑二级加外语四六级一样重要的事情。穿越么，自然不能自找罪受。从春秋战国数到明清民国连带史前夏商周都琢磨了一遍，得，咱穿大宋吧。话说这大宋朝历十八帝三百二十年，算得上中国历史上经济文化繁荣昌盛的时代，更算得上城市化的一个时代，虽然战事不少，终其一代也没有严重的地方割据，兵变民乱亦是历史长河中相对较少的时代，因此，著名史学家陈寅恪言："华夏民族之文化，历数千载之演进，造极于赵宋之世。"这样的时代，的确是适合想要穿越种田的同志们。

【壹·生部】

我们这一篇，基本上是宋朝日常生活中的常识，自然是为了让诸君在一不小心或者处心积虑地踏进宋朝之后，不会在毫无准备的情况下被当时的"土著居民"抓起来当妖怪烧死或者绑上石头丢进池塘里。所谓入乡随俗，既然决定落户宋朝了，生存下来是第一关，当时的生活习惯是您必须要掌握的。

【贰·存部】

过了基本生活第一关，落在宋朝的孩子们可以考虑一下在哪里安家置业，从事什么营生，上哪里去找乐子，到哪儿去购物之类的问题了。宋朝最大的城市在哪里，都有些什么样的大街，街上有什么铺子，干什么最容易赚钱，奢侈品里最珍贵最让人趋之若鹜的是什么……您面前展开的是当时世界上最富裕国家的繁华图卷，当然，您如果打算在宋朝终老，本篇中结婚离婚之类的生活问题也值得您关注。

【叁·人部】

好吧,既然到了宋代,总要明白自己能干啥吧。想要种田的,需要找个合适的男/女主角做另一半,万一所托非人,那简直就是穿越千年自找坑爹啊。若是要争霸,那更需要找个合适的皇帝为主——除非您自己能穿成皇帝,或者有可能成为皇帝。因此,下面就要给您介绍最适合支持您做出一番功业,或者谈一场感天动地的恋爱,再或者平平淡淡地与之白头偕老的宋人们了。

引　言

　　生活在一个连喝水走路都能不小心穿越，摔个跟头都能把脑电波"甩"出来的时代。了解那么点穿越必须的常识绝对是和拿个电脑二级加外语四六级一样重要的事情。穿越么，自然不能自找罪受。从春秋战国到明清民国连带史前夏商周都琢磨了一遍，得，咱穿大宋吧。话说这大宋朝历十八帝三百二十年，算得上中国历史上经济文化繁荣昌盛的时代，更算得上城市化的一个时代，虽然战事不少，终其一代也没有严重的地方割据，兵变民乱亦是历史长河中相对较少的时代，因此，著名史学家陈寅恪言："华夏民族之文化，历数千载之演进，造极于赵宋之世。"这样的时代，的确是适合想要穿越种田的同志们。

宋

穿 越 前 必 读

选择宋穿，超值超享受

生活在一个连喝水走路都能不小心穿越，摔个跟头都能把脑电波"甩"出来的时代。了解那么点穿越必须的常识绝对是和拿个电脑二级加外语四六级一样重要的事情。穿越么，自然不能自找罪受。从春秋战国到明清民国连带史前夏商周都琢磨了一遍，得，咱穿大宋吧。

话说这大宋朝历十八帝三百二十年，算得上中国历史上经济文化繁荣昌盛的时代，更算得上城市化的一个时代，虽然战事不少，终其一代也没有严重的地方割据，兵变民乱亦是历史长河中相对较少的时代，因此，著名史学家陈寅恪言："华夏民族之文化，历数千载之演进，造极于赵宋之世。"这样的时代，的确是适合想要穿越种田的同志们。

纵观五千年历史，没有任何一个朝代的平民过得比宋人更舒服的了。真宗朝时"京城资产百万者至多，十万而上，比比皆是"，可想当时都城平民的富裕。《梦溪笔谈》有言："唐人作富贵诗，多记其奉养器服之盛，乃贫眼所惊耳。如贯休《富贵曲》云：'刻成筝柱雁相挨。'此下里鬻弹者皆有之，何足道哉？又韦楚老《蚊诗》云：'十幅红绡围夜玉。'十幅红绡为帐，方不及四五尺，不知如何伸脚？此所谓不曾近富儿家。"

我们曾经以为唐代征服四夷，民生安定。殊不知，在宋人眼里，唐代人都是贫穷得没见过世面的。跟唐代比起来，宋代的确因为商业的发展，豪富了许多。

《震泽长语摘抄》是明代王鏊的笔记，他认为："宋民间器物传至今者，皆极精巧。今人卤莽特甚，非特古今之性殊也。盖亦坐贫故耳。观宋人《梦华录》《武林旧事》，民间如此之奢，虽南渡犹然。近岁民间无隔宿之储，官府无经年之积，此其何故也？古称天下之财不在官，则在民。今民之膏血已竭，官之府库皆空。岂非皆归此辈乎？为国者曷以是思之。"在明代，当时的官员已经认识到宋代的财富多在民间，而王鏊则在反思，只因为当时民之膏血已竭，所以官府的府库都是空空如也的。

宋代的都城开封有着宽阔整齐的街道，以及繁华的商业贸易、精细的社会分工等等国际大都市必备要素。这座伟大城市的便捷安全和整洁程度，绝对不亚于现在任何一个号称安居城市的大城市。柳永在《迎新春》词中形容这个城市："嶰管变青律，帝里和新布。晴景回轻煦。庆嘉节、当三五。列华灯、千门万户。遍九陌、罗绮香风微度。十里然绛树。鳌山耸、喧天箫鼓。渐天如水，素月当午。香径里、绝缨掷果无数。更阑烛影花阴下，少年人、往往奇遇。太平时、朝野多欢民康阜。随分良聚。堪对此景，争忍独醒归去。"要知道，柳永的词在当时的流行程度，已经到了"凡有井水饮处,皆能歌柳词"的程度。人们要吃饱了肚子,才有心思去娱乐。而柳永既然写下了如此这般繁荣昌盛的景色,可想当时人们的欢乐和富足。

宋代不仅是文人们的,还是小市民们的。《梦粱录》云:"不论贫富,游玩琳宫梵宇,竟日不绝。家家饮宴,笑语喧哗","至如贫者,亦解质借兑,带妻挟子,竟日嬉游,不醉不归","不特富家巨室为然,虽贫乏之人,亦且对时行乐也"。当时的风气,大概是及时行乐吧。连贫寒人家都能去游玩嬉戏,可想温饱的确是没问题的。连作为官员、文人的欧阳修都忍不住酸溜溜地羡慕道:"京师辇毂之下,风物繁富,而士大夫牵于事役,良辰美景,罕获宴游之乐。"

活在宋代,您永远不用怕舌头受委屈,五谷杂粮,各式蔬菜,猪羊海鲜,各种果子、点心、饮料,花样繁多,看得人眼花缭乱。就好像历史落于文字,记录者都是文人一样,那些散落于民间的风俗饮食最直接的记录者也都是当时的文人们。当时的风流雅士对

《博古图》 宋·刘松年

吃喝玩乐的撰写，简直是不遗余力，甚至不少人会撸起袖子抛去圣人"君子远庖厨"的教导自己捣鼓起吃食来。宋代的饮食著作大致可分为食经类、茶学类和酒学类这三类。《通志·艺文略》将食经单独作为一个门类列出，著录可达41部360卷。而把吃吃喝喝写进诗词歌赋，在宋代更是比比皆是。

吃饱了喝足了，自然要给自己找找乐。我们这些被互联网、电视台惯坏了的人可能会觉得一千年前会很无聊，乃至晚上只能拉灯睡觉——但是这绝对是错误的臆测。那时的玩主儿很可能会鄙视一千年后的人们除了上网、看电视、打牌、K歌、看电影之外，居然没有什么像样的娱乐。

在宋代，最普通的游乐场所被称为"瓦舍勾栏"。总的来说游艺场的总称叫"瓦舍"或"瓦子""瓦市""瓦肆"，而瓦舍里的小的场子叫"勾栏"或者"勾阑""钩栏"。《梦粱录》曰："瓦舍者，谓其'来时瓦合，去时瓦解'之义，易聚易散也。"而勾栏则有人明明白白地说了："俳优棚曰钩栏。"《武林旧事》言："至于吹弹、舞拍、杂剧、杂扮、撮弄、胜花、泥丸、鼓板、投壶、花弹、蹴鞠、分茶、弄水、踏混木、拨盆、杂艺、散耍、讴唱、息器、教水族水禽、水傀儡、鬻水道术、烟火、起轮、走线、流星、水爆、风筝，不可指数，总谓之'赶趁人'，盖耳目不暇给焉。"这些娱乐和表演都是针对普通平民的。勾栏里的节目能够春夏秋冬四季不断地从早上一直演到半夜，"不以风雨寒暑，诸棚看人，日日如是"。临安的市民"深冬冷月无社火看，却于瓦市中消遣"。可见那时去瓦舍消遣就是如同我们看电影、吃饭、唱KTV一样普遍正常。而宋代节庆最多，人们总是不停地找理由狂欢娱乐，正所谓："时节相次，各有观赏。"可以说，每一天对于宋代的小民来说，都是有乐趣的。

宋代那十八个皇帝

所谓知己知彼，百战不殆。咱就是要过去，也要先了解一下宋代的基本情况。

宋朝历十八帝三百二十年，上承五代十国，下启元明。

开国皇帝是太祖赵匡胤，祖籍涿州，出生于洛阳夹马营。父亲先后为后唐、后晋、后汉的军官。赵匡胤起初投奔后汉大将郭威，后因拥立郭威为后周皇帝，被重用为典掌禁军。周世宗柴荣时，他又因战功而升任殿前都点检，掌握了后周的兵权，兼任归德军节度使，负责防守汴京。周世宗死后，其子柴宗训继位，时仅7岁。赵匡胤和弟赵匡义、幕僚赵普密谋篡夺皇位。

赵匡胤夺国的方法，说起来的确不太好听，不过是欺负人家死了爹和丈夫的孤儿寡母，半真半假地被迫在陈桥发动兵变谋国篡位。因为发迹在宋州，故国号曰"宋"。定都汴梁（今开封），史称北宋。

太宗赵炅，赵炅本名赵匡义，后因避其兄宋太祖讳改名赵光义，即位后改名炅。太宗比太祖小了足足有十二岁。二十二岁时，他参与陈桥兵变，拥立赵匡胤为帝，而后又追随兄长征战天下统一四方。太祖驾崩，三十八岁的赵光义登基为帝，是为太宗，在位共二十一年（976—997），五十九岁去世，是宋朝的第二个皇帝。

宋太祖

宋太宗

宋真宗

宋仁宗

宋英宗

宋神宗

宋哲宗

宋徽宗

宋钦宗

宋高宗

宋孝宗

宋光宗

宋宁宗

宋理宗

宋度宗

宋

赵光义的上位是否合法一直是个扑朔迷离的问题, 烛影斧声, 究竟真相如何, 恐怕只有他们兄弟俩才能知道吧。

真宗赵恒是宋太宗第三子, 登基前曾被封为韩王、襄王和寿王, 997年以太子身份继位。真宗在位二十五年, 虽然晚年迷恋天书造成了朝政的混乱, 但是总的来说真宗时期北宋社会经济日益繁荣, 史称"咸平之治"。

不得不说, 赵恒他最著名的事迹, 就是娶了个名垂千古的老婆, 然而生了个被坑得乱七八糟的儿子——狸猫换太子的故事应该算得上名传千古吧。

仁宗赵祯, 初名受益, 宋真宗的第六子, 生于大中祥符三年(1010), 1018年被立为皇太子, 赐名赵祯。1023年即帝位, 时年十三岁。1063年驾崩于汴梁皇宫, 享年五十三岁。他在位四十一年, 为人宽厚仁慈, 施政作风温和怜悯。在位时候宋朝面临官僚及军队膨胀的局面, 对西夏战争屡次失败, 被迫以"岁赐"银、绢、茶妥协, 对辽也以增纳岁币求和。赵祯虽一度推行"庆历新政", 但未克全功。

赵祯是一个仁慈的皇帝, 为人君, 止于仁。有此足矣。

英宗赵曙, 是北宋第五代皇帝, 1063—1067年在位, 原名宗实, 后改名赵曙, 乃是太宗曾孙, 濮王允让之子。仁宗无子, 英宗幼年被仁宗接入皇宫抚养, 赐名为宗实。英宗在位期间, 任用改革派旧臣韩琦、欧阳修等人, 曾试图改革终而无果, 1067年, 病逝于宫中福宁殿。

英年早逝的宋英宗, 曾经为了追赠生父名分, 闹得朝野不安, 也许, 这就是幼年离开亲生父母留下的遗憾和阴影吧。

神宗赵顼, 又名仲针, 北宋第六代皇帝, 推行王安石变法, 立志振兴北宋王朝, 然而操之过急, 不得其法, 最后以失败收场。时值西夏梁氏专权国势日衰, 宋神宗欲一举歼灭

羌夏。宋兵在庆州大破夏军,然而于永乐城之战中惨败,灭夏之举未竟全功。于元丰八年饮恨而殁,享年三十八岁。

神宗在位十七年,"不治宫室,不事游幸",励精图治,欲做出一番事业。虽然变法之时,总是摇摆于新旧两党,但仍为宋朝的安定发展作出极大贡献,然后世之人评价"宋政之乱,自神宗始"可叹也。

哲宗赵煦,宋神宗第六子。原名佣,哲宗九岁登基,由高太后执政。任用司马光为宰相。废止熙宁变法。元祐八年(1093)哲宗亲政,追贬司马光,并贬谪苏轼、苏辙等旧党党人,启用革新派如章惇、曾布等,恢复王安石变法中的保甲法、免役法、青苗法等,停止与西夏谈判,多次出兵讨伐西夏,迫使西夏向宋朝乞和。元符三年(1100)病逝于汴梁。

哲宗一代,党争之势,已成水火,北宋灭亡的种子,由此种下。

徽宗赵佶,宋神宗十一子,哲宗弟。号宣和主人、教主道君皇帝、道君太上皇帝。擅长楷、草书,创"瘦金体";擅画山水、人物、花鸟、墨竹;擅写婉约词。在位二十五年,国亡被俘受折磨而死,终年五十四岁。

他是一个优秀的艺术家,却是一个十足无能的皇帝。

钦宗赵桓,曾名亶、煊,是北宋末代皇帝,宣和七年(1125)十二月,在金兵大举入侵之际,徽宗禅让帝位,赵桓被迫即位,为钦宗,改次年为靖康元年(1126)。靖康二年(1127),与其父徽宗同被金兵俘虏北去,在位一年零两个月。绍兴二十六年(1156)死于五国城,享年五十七岁。

作为皇帝最要命的两个缺点:优柔寡断,反复无常,钦宗一人都占全了。

宋

靖康之难后，徽钦二帝，连同皇室成员，朝廷重臣，以及宫女乐师都被金人俘虏北上。宋徽宗第九子康王赵构侥幸躲过此劫，在大臣推举下于应天府（今河南省商丘市）登基，后设南京、绍兴为行都，杭州为行在，恢复宋国号，史称南宋。在位三十六年，被迫让位后病死，终年八十一岁。

赵构遗传了他爹的艺术细胞，更遗传了他爹的昏庸和无能。

孝宗赵昚，南宋第二位皇帝，宋太祖七世孙，初名伯琮，后改名瑗，赐名玮，字元永，由于高宗唯一儿子元懿太子夭折后无嗣子，于是选太祖赵匡胤的四子赵德芳的六世孙赵昚为嗣。在位二十七年，淳熙十六年（1189）逊位，让位于儿子宋光宗赵惇。

作为南宋少有作为的皇帝，孝宗一心想恢复中原，他为岳飞平反，重用主战派，整顿吏治，为人节俭，于当时创出"乾淳之治"的小康局面。

光宗赵惇，南宋第三位皇帝，在位五年，享年五十四岁。宋光宗体弱多病，沉溺酒色，无能昏庸，听信谗言，罢免以辛弃疾为首的主战派大臣，又任由皇后执政。光宗年间，政治由孝宗时的清明转向腐败。而后宋孝宗生病，赵惇既不延医问药，也不探望孝宗，至孝宗驾崩，仍拒绝服丧，而后大臣经过太皇太后允许，逼迫光宗退位。

宁宗赵扩，宋光宗被逼退位后，由赵扩继位，在位三十年，享年五十五岁。在位期间攻金战败。嘉定元年与金议和，签订嘉定和议。两国疆界仍如前；嗣后宋以侄事伯父礼事金；增岁币为银帛各三十万，宋纳犒师银三百万两与金。

理宗赵昀，原名赵与莒，系赵匡胤次子赵德昭的九世孙。宰相史弥远矫诏废太子赵竑，立贵诚，即为宋理宗。既然是由史弥远矫诏册立，宋理宗登基前十年朝政一直由史弥远把持，史弥远死后理宗才开始亲政。亲政之初立志中兴，采取了

罢黜史党、亲擢台谏、澄清吏治、整顿财政等改革措施,史称"端平更化"。后期朝政被丁大全、贾似道把持,国势衰微。1234年南宋联合蒙古国灭金。1259年,蒙古攻鄂州,宰相贾似道以宋理宗名义向蒙古称臣,并将长江以北的土地完全割让给蒙古。

宋度宗赵禥(1240—1274),宋理宗弟嗣荣王赵与丙子,初名孟启,又名孜、长源,1253年立为皇子,赐名禥,是南宋第六位皇帝,荒淫无能,整日与后宫嫔妃饮酒作乐。封贾似道为太师,倍加宠信。咸淳四年(1268),忽必烈包围襄阳,次年又围攻樊城。贾似道隐匿不报,也不派兵增援。咸淳九年(1273)正月,樊城被元军攻破;同年二月,襄阳守将吕文焕在粮尽援绝的情况下献城投降。咸淳十年(1274)七月,度宗因酒色过度,死于临安宫中的福宁殿,遗诏由太子赵㬎继位。

宋恭帝赵㬎,是南宋第七位皇帝,宋度宗次子。宋度宗去世后,四岁的赵㬎在奸臣贾似道的扶持下登基做皇帝,是为宋恭帝,年号德祐。由祖母谢太皇太后、母亲全太后垂帘听政。但军国大权依然在贾似道之手。宋恭帝德祐二年(1276)元军攻克临安时,五岁的小皇帝被俘。

宋端宗赵昰,为宋度宗的庶长子、宋恭帝的哥哥,赵昰和母亲杨淑妃和弟弟赵昺由国舅杨亮节等护卫,出逃福建,定行都于福州濂浦平山福地,改年号景炎。后于南逃途中落水而染疾去世。

末帝赵昺,为宋度宗幼子。端宗去世后,赵昺登基为帝,改元祥兴。宋军于崖山海战中被元军大败,全军覆灭,陆秀夫遂背着时年八岁的赵昺跳海而死。

宋代国祚,于此而终。

儒林華國古今同
吟詠飛毫醉墨中
多士作新知人毂
畫圖猶喜見文雄

臣京謹依
韻和進

明時不與首唐回
八表人歸大道才
丁哭當年十八士
論此是出羣雄

壹

生 部

我们这一篇，基本上是宋朝日常生活中的常识，自然是为了让诸君在一不小心或者处心积虑地踏进宋朝之后，不会在毫无准备的情况下被当时的"土著居民"抓起来当妖怪烧死或者绑上石头丢进池塘里。所谓入乡随俗，既然决定落户宋朝了，生存下来是第一关，当时的生活熟识是您必须要掌握的。

每天日常吃什么喝什么，见了人怎么打招呼，做事说话有什么忌讳，出门要怎么打扮怎么穿着，什么身份梳什么样的发型……这些说来事小，但都是生活的最基础，弄不好，虽说不一定有性命之忧，但您想在宋朝大展拳脚的机会肯定会被扼杀。当然，宋人们的规矩也不难学，各位小娘子或大官人请跟来吧。

【称谓】

"相公"这个称呼是绝对不能随便使用的

娘子，官人找您——士庶互称

之所以是从称呼开始，那绝对是因为穿越的第一步，多数是从床上开始的。如果是婴儿穿便罢了，若是穿成个半大不小的小伙子大姑娘，那么睁开眼睛第一句话就至关重要了。比如说：醒来之后您先摸了摸胸口照了照镜子，发现自己穿成一个身材姣好貌美如花的小妇人，在旁边一位温柔俊秀的青年男子饱含感情的目光中，您轻启朱唇唤道："相公……"

在下一刹那，这位温柔的男士估计就要使劲抽您两个嘴巴子外加大喊一声："何方妖孽！"

要知道，在宋代，"相公"这个称呼是绝对不能随便使用的！"相公"一词是对宰相的尊称，比如冯梦龙《警世通言》里有一篇《拗相公饮恨半山堂》说的即是宋代宰相王安石。除此之外，相公也可以作为对位高权重的官员的尊称，

王安石像

最广为人知的例子就是岳飞岳武穆被尊称为"岳相公"。

正确的对应模式应该是：儒雅体贴的男主人温柔缱绻地称呼您为"娘子"。您低眉浅笑回道"官人"或者"郎君"。

在一般情况下，宋代女性尊称丈夫为"官人"。"官人"一词本意是为官之人，但自唐之后，特别是宋代，"官人"的应用范畴已经普及到了民间，比如杀猪的郑屠都可以被称为"郑大官人"，开生药铺的西门庆"近来发迹有钱，人都称他做西门大官人"。除此之外，宋代的伎艺人也被尊称为"官人"。据周密《武林旧事》卷六《诸色伎艺人》记载，在"棋待诏"有"金四官人"，在"书会"有"李大官人"，"演史"有"周八官人""陈三官人""巩八官人"，"使棒"有"高三官人"，"说药"下有"乔七官人"等等。

各位穿越的男同胞反倒是可以放心大胆地张嘴，基本上无论是否相识，与女子打招呼都可以称呼为"娘子"，对待年轻的小女孩还可以称呼"小娘子"，女子之间亦可互相称呼"娘子"或"小娘子"。譬如宋代话本《张古老种瓜娶文女》中，张媒、李媒称呼那驸马监里韦谏议的女儿文女为"小娘子"。

宋

当然，如果一个不小心说溜了嘴管良家女子喊了声"小姐"，那您就等着这妹子的父兄夫君或者是妹子本人的一顿臭揍吧。"小姐"这词在现代暧昧得很，这个暧昧的源头就在宋代。虽然"小姐"最初是指宫女，但据清代文史家赵翼《陔余丛考》称"今南方搢绅家女多称'小姐'。在宋时则闺阁女称'小娘子'，而'小姐'乃贱者之称耳"。说白了就是这个词在宋代即已经开始指代乐户或妓女。东坡先生有诗名《成伯席上赠所出妓川人杨姐》即是写给席上陪酒的杨姓妓女的。《夷坚志》中有两则小故事："傅九者好狎游，常与散乐林小姐绸缪。约窃而逃，不得遂，与林小姐共缢死。又建康女娟杨氏，死现形，与蔡五为妻。一道士来，仗剑逐去，谓蔡曰：'此建康娟杨小姐也。'"这两则故事中的"小姐"均是对妓女的称呼，所以说当面叫女子"小姐"，简直就是直说对面的女孩子并非良家，要是万一遇到脾气暴躁的，八成要直接抓您个满脸花让您见识见识花儿为什么这样红。

既然说到妓女，那就必须说到，宋代的花魁们被称为"行首"，即行头。《梦粱录》卷二《诸库迎煮》称宋时"官私妓女"之出众者为"行首"。比如那个宋徽宗的相好李师师就被称呼为"李行首"。

拉拉扯扯地说了这么多，睁眼之后的第一关大概就能混过去了，接下来就是面对接踵而至的亲戚朋友的慰问。本来已经放下心的穿越众们又该发愁了，这么多人，该怎么叫啊？其实，说起来很简单，只要记住下面的规则就好了。

首先，要注意避讳。

由于古人重避讳，一般都不直呼人名。宋代的避讳是历代最为复杂的。虽说宋太祖立下了"不得杀士大夫，及上书言事人"的规矩，文字狱也不如明清那么严重，但纵观宋代上下风气，避讳习俗似乎在日常生活中亦是极为重要的。要说宋代的避讳复杂到什么程度，举个例子来说：自赵匡胤登基，宋朝人民群众就要开始避讳赵匡胤上数四代祖宗的名讳，甚至同音或音近的字都不能再使用了，比如赵匡胤的祖父名敬，因此宋代的"镜子"不能称为"镜子"，只能叫"鉴子"。洪迈《容斋随笔·三笔》记载："本朝尚文之习太盛，故礼官讨论，每欲其多，庙讳遂有五十字者。"如宋高宗名"构"，为了避君讳，凡与"构"同音音近形似的字，如够、沟、购、垢等多至五十余字皆不能使用。于是，南宋时"沟"要念做"洫"，"狗"要叫做"犬"。

除了皇帝的名字，古代诸位圣人，比如炎黄、老子、孔孟、周公的名讳也被列入避讳之列。比如在大观四年，为避孔子讳，宋徽宗曾下旨将瑕丘县改为瑕县，龚丘县改为龚县。

此外，不只是皇家圣人的名字要避讳，有时候连权臣的名字也要避讳。在蔡京权势倾国的时候，"京左""京右"因而改称"畿左""畿右"。

您以为这就完了？还远没有，国讳之外还有家讳。在言行文章时，都要注意避开父祖名。如果不幸忘记了避讳，那么，为官就等着被弹劾到死，为民就等着被人戳脊梁骨吧。

说了这么多，其实就是给大家伙提个醒。基本上，在宋代，称呼别人只要遵循以下几个原则就基本没有问题。

当官的称呼官名，而且一般官名都会简略为两个字，比如名为王某某从九品承节郎可以被称呼为王承节，再比如龙图阁大学士包拯可以称呼为包龙图。

此外，对于熟悉的朋友可以称呼表字，当然如果您有幸穿成位高权重不管事儿的某位大人，就要注意称呼属下的表字，这也意味着您对这位下属非常地看重和欣赏。

既然除了称呼表字、官名之外，宋代还延续了唐代称呼排行的习惯，即称呼男子大郎、二郎、三郎……称呼女子四娘、七娘等。当然，如果是当官的，也可以将姓+排行+官位，比如南宋初的大将张俊被封为清河郡王，所以民间多称呼他为张七郡王。

对于已经去世的人也忌讳直呼其名,这种时候称别号、官爵、谥号都可以。

皇家称谓——"十二弟""咦,二哥您叫谁?"

如果诸位有幸穿越成皇帝、皇后、妃子、皇子、公主、王爷,那么下面的的内容就要看仔细了。

其实古代的皇族之间的称呼并不像想象中的那样森严,很多时候,其实和平民百姓家没什么区别。所以当您胜利取代了某位王子、皇孙、公主,顺利地在宋代扎根之后,只要记得叫人的时候宁可亲昵也不要装B就好了。

一般情况下,宋代皇族对父亲的口头称呼同寻常人家一样,都是"爹爹"。而对嫡母的称呼,则为"娘"或"娘娘"。不同于唐代的人民群众有时候管老爹叫"哥哥"。宋代,庶出皇家子女对生母的称呼为"姐姐"。《曾公遗录》中记载:"昨先帝(宋哲宗)病危,圣瑞(朱太妃)曾云:'只十二哥是姐姐肚皮里出来,您立取十二哥即稳便。'"朱太妃在哲宗病榻前要求哲宗立排名十二的简王似,这件事的结果就是太后不顾宰相章敦的反对坚持立了端王赵佶,也就是后来的宋徽宗。由这里可以看到,母亲称呼儿子的方式通常是用排行+哥,比如十二哥。此外,您可以叫曾祖父为"公公",曾祖母为"大妈妈"。祖父为"翁翁"或"大爹爹",祖母为"娘娘",除了"娘娘"还可以叫"婆婆""太婆""妈妈"。

对于兄弟姐妹,便简单了,皇子公主之间可以互称排

《苏轼回翰林院图》　明·张路

行+哥或姐（姊），而不论年龄。举个例子来说，宋神宗赵顼是长子，但他称呼排行老二的赵颢为"二哥"而不是"二弟"。而皇帝皇后和妃子，通常也是用这种方式称呼皇子公主的。

说到这基本把对人的称呼说完了，十亭里就糊弄过九亭了，但是最后这一哆嗦一定要稳住了。除了称呼别人之外，自称也不能乱用，千万不要被现在各种坑爹，不，应该是连祖宗都坑了的古装宫廷剧给带歪了，"儿臣"这种称呼在宋代是不存在的，作为皇子，在父母、祖父母面前的自称是"臣"，而公主的自称比较宽松，平时可以称"我"，而表章需要用正式的称呼"妾"。本来在神宗朝，前长公主的表章可以不用称妾，但是某些闲得难受的礼部官员表示"男子、妇人，凡于所尊称臣若妾，义实相对。今宗室伯叔近臣悉皆称臣，即公主理宜称妾。况家人之礼，难施于朝廷。请自大长公主而下，凡上笺表，各据国封称妾"。不论大小，男性的宗亲皇子都称臣了，长公主不称妾是不是说不过去了。神宗皇帝一看，得了就这么办吧。从此长公主上表章也要如同公主一样自称"妾"。

如果您不小心穿成了皇帝的小老婆，那一定要记得对待皇帝皇后自称"臣妾"或者"妾"，要不然"奴家"也可以。对其他人的自称一定不要说漏了嘴，据《武林旧事》记载，宋代嫔妃的自称应该是"本位"。"本宫"这种坑爹历史剧里热爱的自称赶紧丢进脑内的回收站然后坚决地点下"清空"。

当然，如果穿成皇帝那就简单了。"朕怎么怎么样"这样的对话大家都熟得不能再熟了，在不那么正式的场合，"我"来"我"去也没什么问题。而在宋代，上到皇室成员下到黎民百姓都称呼皇帝"官家"或者"大家"。但是在朝堂等需要慎重的场合中一般都会用比较正式的"陛下"。

如果万一以上身份都没轮上，不幸惨烈到穿成了太后级的人物，那您就老老实实地自称"老身"吧。

开封有个包青天——官职称谓

对于诸位踌躇满志的穿越者来说，做官是经常选择的道路。所谓破家县令，灭门刺史，虽然穿越种田很美好，但是作为升斗小民，总不如官身来得便宜。官场如战场，一个不慎就是万劫不复。所以，了解一下宋代的职官制度和官场禁忌就成了必要的课程。

当然，如果说仅仅为了安身立命，到宋代当个公务员，也是一件非常有意思的事情。

《文献通考》卷四七《职官一·官制总序》有记载："至

于官人授受之别，则有官、有职、有差遣。官以寓禄秩、叙位著，职以待文学之选，而差遣以治内外之事。"这段话基本就概括了宋代官职的主要构成，简单来说，就是宋代的官职主要由官、职、差遣组成，其中包括散官、寄禄官、职事官、祠禄官、贴职、附加性官衔。

宋代的官职非常复杂，除了官职种类众多，还有一个原因就是神宗元丰年间，将寄禄官名改成职事官名，并废除之前的使职差遣官名。如果在宋代一名官员的官名长达几十乃至上百字，那根本不是一件奇怪的事情，比如司马光在《资治通鉴》卷七十八端结衔有这样的文字："端明殿学士兼翰林侍读学士朝散大夫右谏议大夫充集贤院修撰权判西京留司御史台上柱国河内郡开国侯食邑一千三百户食实封四百户赐紫金鱼袋臣司马光。"其官职名足足有63字。所以在宋代，说出一个高官的官名，不止考验记忆力，还考验嘴皮子的灵活度。

宋代的散官总的来说是继承了唐代文武散官的制度，唐代的散官的存在仅仅是表示品级，并不代表实际执掌的职务，而宋代连代表品级的作用都已经消失了，仅仅用来决定一个官员穿什么颜色的官服：三品之上着紫，五品之上穿红，九品之上服绿。所以到了元丰年间，基本散官制度就被废除了，元丰后散官便代指无执掌的闲散官员，比如节度副使、行军司马、州别驾、长史、司马等等。

寄禄官又称本官、正官、阶官。主要是表示官员的等级和俸禄多少的无执掌官衔。这就跟唐代的散官官制的作用差不太多。北宋前期将官品分为九品，一、二、三品分正从；四品以下，正从之中又分上下，共30阶。

所谓寄禄官，顾名思义，这个官位决定了您能拿多少俸禄，也就是正俸。此外，还决定了荫补、封赠、荐举、当赎等等福利待遇，并且对实际您要做的职事官，也就是实际的职务工作有一定的影响。

文臣的寄禄官官阶以三省六部二十四司、九寺五监及幕职州县官等职事官的官名组成，比如六部尚书、侍郎、郎中、少卿等等，这里的官职跟唐代不同，比如《通天帝国》里大理寺裴少卿，他的官职是少卿，那么他所执掌的就是大理寺少卿所负责的事物。但是如果裴少卿活在宋代，那么少卿只能代表他的官阶，而他具体执掌的事务却不一定是处理大理寺刑狱案件的。

元丰三年（1080）九月颁布的《以阶易官寄禄新格》将京朝官寄禄名从省部寺监的职事官名改成了唐代的文散官名，将原文臣京朝官阶由42阶改为25阶。虽然元丰年间减少了官阶，但是哲宗年间置左右朝议、中散、正议、光禄、银青光禄、金紫光禄大夫，而后又将从承务郎至朝请大夫共14阶置左右。这样，在元丰改制好不容易减成25阶的寄禄官又增加到了45阶。而在官品方面，元丰改制，重定官品，分为九品正从，共为18阶。

说完了文官的寄禄官，接着来说武官的，众所周知，宋代的武官一向是比较受鄙视的，这个从寄禄官的复杂程度和修改的频繁程度远远小于文官寄禄官名就可以看出来。总的来说，宋代武官的寄禄官名基本都是内司职官名，分为横班、诸司使、使臣三等38阶，其中第一等叫横班，又叫横行，其中正使包括内客省使等共8阶，副使包括客省副使等共4阶，合计为12阶。第二等名为诸司使，诸司正使自皇城使到供备库使共8阶；诸司副使自皇城副使到供备库副使也为8阶，共16阶。第三等为使臣，为内殿承制、内殿崇班二阶等共8阶。合计38阶。

除此之外，宋代列位皇帝都对寄禄官的官阶名都有增补修改，不过大体都没有超出以上的框架。

看了这么多乱七八糟的官名，诸位穿越者估计已经是晕头转向了，但是，这不是终点，这仅仅代表了您在宋代的工资条。而您在宋代的具体工作做什么，还要看职事官官职。

宋代的职事官名沿用了中唐以来使职差遣作为官名，比如参知政事、知审官院事、判门下省事、知县、司法参军、主簿等等。对于诸位穿越者来说，职事官的官名比散官寄禄官好区分得多，一般官名前面冠有"判""知""直""管勾""提举""提点"，或者后面缀有"使""事"等字样。如果由寄禄官阶较低的官员单人较高官品的职事官，那么职事官官名前就要加上"权"或者"权发遣"，如"权三司使公事"。同样的情况，殿中侍御史、监察御史，则称为"殿中侍御史里行""监察御史里行"。

还是老话，在元丰改制时，废除了使职差遣官名，依据《唐六典》将使省部寺监的正官重新设为职事官。这时候，大家比较耳熟能详的六部尚书，侍郎，九寺五监的卿、监又都成为实际执掌的职事官，但是仍保留了一部分宋代早期的职事官官名，如枢密使以及地方官僚体制里的路、州府军监、县。此外，职事官官名中往往带"行""守""试"等字样。官员的寄禄官官品与职事官官品相比，高一品以上者带"行"，低一品者带"守"，低二品者带"试"，官品相同则不用带以上三个字。

宋代的皇帝崇信道教，所以宋代从京城到地方都修建了宫观，自从宰相王旦，对，就是欧阳修奉旨给他写碑文，东坡先生给他家宗祠写了《三槐堂铭》的那位，兼任了玉清昭应宫使之后，宫观就开始设置"使"这种官职。最初"使"都是由宰相兼任的，而后变成了一种专门的官职，并且会发放俸禄。一般这种官员就称之为"宫观官"或"祠禄官"。

根据《古今合璧事类备要》后集卷五九引《四朝国史志》记载，北宋前期"以宰相、执政为使，或丞、郎、学士以上充副使，两省或五品以上为判官，内侍官或诸司使副为都监，又有提举、提点、管勾（主管）官。其戚里、近属及前宰执留京师者，多除宫观，以示优礼之意"。

看到这里不要以为祠禄官是个光吃饭不干活的好职位，根据《文献通考》卷六十《职官十四》所说："是时方经理时政，患疲老不任事者废职，欲悉罢之，乃使任宫观以食其禄；时相王安石亦欲以此处异议者，遂诏宫观无限员，并差知州人，以三十月为任。"到了北宋中后期，祠禄官成为安置政治斗争失败以及年老体弱不堪用的官员的职位。到了南宋更是发展成由无执掌的闲居官员们充任，彻彻底底地沦为了一个供养闲散官员的闲职。

贴职是内外职事官的荣誉衔，主要是升迁时候可以越级迁转，并可以领取相应补贴的俸禄，比如大家耳熟能详的龙图阁学士，就是贴职系统中的职务。总的来说，宋代的贴职，可以分为诸殿学士、诸阁学士与三馆秘阁之职。

诸殿学士，分为学士和大学士，所谓诸殿，即观文殿、资政殿、端明殿、宣和殿（后改为保和殿）等。诸殿学士均为出入侍从之臣，即皇帝的顾问，或者加封给致仕或离职的大臣，是一种彰显皇帝荣宠的荣誉官位，并没有一定的执掌。其中观文殿大学士为曾经是宰相的大臣独有的荣誉职衔，如果在宋代某人的官名中有观文殿大学士，那么这位一定曾经或正就任宰相。

诸阁学士，诸阁包括龙图阁、天章阁、宝文阁、显谟阁、徽猷阁、敷文阁、焕章阁、华文阁、宝谟阁、宝章阁、显文阁，均设置学士、直学士、待制、直阁等职名。均为侍从官。元丰改制之后，在诸阁中，只保留龙图阁一阁的职名。而自哲宗起，又陆续地启用了各阁职名，贴职也就逐渐开始冗滥起来了。

北宋前期，昭文馆、史馆、集贤院、秘阁合称"三馆秘阁"，总名"崇文院"。三馆秘阁官有：昭文馆大学士、直昭文馆，监修国史、史馆修撰、直史馆、史馆检讨、史馆编修，集贤殿大学士、集贤院学士、集贤殿修撰、直集贤院、集贤校理及直秘阁、秘阁校理等。元丰改制后，罢三馆秘阁归秘

包拯像

书省,设秘书监、少监、丞、秘书郎、著作郎、佐郎、正字,作为职事官,原馆职并废。从哲宗年间到南宋,又陆续恢复部分官职。

除此之外,宋代还沿袭唐代附加官衔的制度,主要包括爵位、食邑和食实封,司马光那壮观的官名中,"河内郡开国侯"就是爵位,"食邑一千三百户"为食邑,而"食实封四百户"就是食实封。

说了这么多,就不能不说说包大人,其实按史料上来说,咱们开封的包青天应该是"龙图阁直学士兵部员外郎(后转右司郎中)、权知开封府事"。龙图阁是收藏整理皇帝著述图书的机构,也是地位最高、最荣耀的官职。以后经常作为政绩优异、忠心耿耿的文臣的加衔,文官都以得此衔作为光宗耀祖的最好资本,俗称学士为"老龙",包拯的直学士为"大龙",待制为"小龙",直龙图阁为"假龙"。包拯的官职是兵部员外郎,这是他拿俸禄的官职。他实际所干的职务是"开封府府尹"。

其实开封府府尹这一职务多由皇族兼任,包大人正确的官职应该是"权知开封府事"。因为当年太宗、真宗、钦宗在还没做皇帝的时候,都曾经坐镇开封府,但实际上担任开封府尹的皇族只是挂职,而真正干活的是"权知开封府事",即暂代开封府尹,比如包大人等。

宋

【吃】

整天吃饼让我怎么受得了

要保健康，不如就喝粥吧——五谷杂粮

　　纵观我国历史，五谷一直是重要的主食。既然穿越了，那最好还是入乡随俗。别再想糯玉米啦，烤白薯啦，醋溜土豆丝啦之类的食物了，因为这个时候，连哥伦布他祖宗都不知道在哪里呢。

　　所谓五谷，就是稻、黍、稷、麦、菽，即大米、黄米、小米、麦和豆类。这五种谷物都是传统的主食，主要的加工方法是蒸或者煮。要知道，虽然宋代的经济非常繁荣，但就农业水平来说还是十分低下，最底层的民众想要维持温饱，也不是一件很容易的事情。即使在宋代最兴盛的时代，也有"农夫蚕妇所食者糠而不足"的现象发生。所以在宋代，"杂蔬为糜""釜无糜粥度冬春，还来就官买糟食"这样的场面其实并不少见。

　　宋代南北方的主食与现代类似，北方为麦面，而南方多

为稻而"罕作面饵"。当然，落地坐标没有找准的同志们也不用担心，每年北宋仅漕运到开封府等地的稻米就有六七百万石。当时开封大量的官吏主食基本都是稻米，所以并不必担心在北方吃不到香喷喷的大米饭。

说到麦就不得不提到麦饭。西汉《急就篇》有言："饼饵麦饭甘豆羹。"颜师古注曰："麦饭，磨麦合皮而炊之也……麦饭豆羹皆野人农夫之食耳。"虽然颜秘书是唐朝人，跟我们降落的时代有着好几百年的误差，但是总的来说，无论上数几百年，还是下数几百年，麦饭一直都是北方广大底层劳动人民主要的饭食。

不过诸位穿越众还是不要去尝试这玩意了，虽然广大宋代文人骚客屡屡写到什么"城西忽报故人来，急扫风轩炊麦饭"，"自笑胸中抵海宽，韭薤麦饭日加餐"，"藜羹麦饭冷不尝，要足平生五车读"云云，但是真的不用太当回事，这帮子"文青""文中""文老"大概真的只是说说，当时的麦饭可能就是把泡发的麦子磨碎或捣碎蒸熟而已。可想而知，这种方法做出的麦饭必是掺杂了大量的麸皮。这种饭口感粗糙，但是非常顶饱。想想看，一碗饭有半碗粗纤维的麸皮，这样吃下去岂不是吃一碗顶半天，若是口感好的话绝对是广大女性同胞的福音，是减肥不二的食谱。

在北宋时期，麦子虽然广泛地在北方种植，但据《黄氏日钞》记载，江西一带"出米多，厌贱麦饭，以为粗砺，既不肯吃，遂不肯种"，也就是说广大南方地区如果稻谷足够食用的话，几乎是不种植麦子的。更极端的例子说起来几乎可以用好笑来形容，《三朝北盟会编》记载高宗绍兴末年，金军败退时留下粟米无数，而宋军因为多是江浙福建人士而吃不下粟米，导致每天都有人饿死。想当时宋人连粟，也就是小米都吃不下，让他们吃更为粗粝的麦子岂不是更加要命。不过这也不是绝对的，北宋南迁的时候，北方民众大批南迁，南方一带食麦、粟、黍、薯、芋、杂米的現象逐渐增多。

而这群吃饱了闲得难受，除了政治斗争就是鸿雁传书互相调戏掐架的文人们念念不忘麦饭的原因，除了麦饭是清明寒食节用以祭祖之外，还因其象征着贫寒自矜的隐士生活。因此，想要显示一下自己清雅不凡的同志们，不妨写信作诗的时候写一些什么"作笋蕨，供麦饭，欣然一饱"云云。

对于广大见多识广的穿越人士来说，开饭馆已经成了穿越后糊弄古代人赚取第一桶金的最佳营生手段。照吾等吃遍四海的经验来说，宋代没有吃过土豆、玉米、麻小水煮鱼的人民群众简直可以用可怜来形容。然而当您走在汴梁的大街、杭州的夜市早市的时候，您很可能会目瞪口呆于宋人普通市民饮食的丰富。仅仅粥这一种食物，就不比现在花样百出的广式粥差多少。

就《梦粱录》《东京梦华录》《武林旧事》来看，东京市民很可能如同现在广大南方人民一样，随时随地能喝到美味的粥品，甚至还有每个节令的特色。比如夏天有豆子粥，冬天有五味肉粥，端午有糖粥，腊八有腊八粥，腊月二十五有赤豆做的"人口粥"。如此种种不一而足。

就腊八这个习俗来讲，宋代与现代基本已经没什么区别了。《东京梦华录》有记载："初八日，街巷中有僧尼三五人，作队念佛。以银铜沙罗或好盆器，坐一金铜或木佛像，浸以香水，杨枝洒浴，排门教化。诸大寺作浴佛会，并送七宝五味粥与门徒，谓之腊八粥。都人是日各家亦以果子杂料煮粥而食也。"由这段记载来看，那是腊八这天就已经有举办法会并且由僧众熬制腊八粥施予信众的习俗了。而《武林旧事》也提及了杭州一带，也有"十二月八日，则寺院及人家用胡桃、松子、乳蕈、柿栗之类作粥"这样的习俗。

不过，就如同现在南北方的差异一般，在宋代，南北方喝粥的口味和风俗也有一定的区别。所谓十里不同风，百里不同俗，就拿腊八粥来说吧，开封府管腊八粥叫"七宝五味

《村医图》 宋·李唐

粥"，而临安府管腊八粥叫"五味粥"。江浙一带的粥多是米和豆子一起煮熟，然后用蔗糖桂花拌着吃。而北方多是直接将豆子和米煮粥，间或放入些大枣之类的调味。这样的口味和现在已经很相似了。

话说自《大唐御医》《唐朝好医生》之后，抱着一打子养生笔记准备去古代"强壮古代人"或者一鸣惊人开创事业的穿越者们越发多了起来。可惜咱们老百姓很早就已经极为重视养生调和。宋代的文人墨客们坚信，坚持喝粥能够长寿。陆放翁有食粥诗云："世人个个学长年，不信长年在目前。我得宛丘平易法，只将食粥致神仙。"据说陆游老先生的胃溃疡就是喝粥治好的。

从八宝粥开始，佛家就与粥结下了不解之缘。比较有趣的是似乎大家提起的打禅机，多是用茶啊香啊什么的，但是就宋代来说，如果您突发奇想跟和尚们逗闷子研究何谓祖师西来意的时候，指着粥来一句"喝粥去"，没准一群大小和尚就会一脸仰慕

地表示：居士您太"油菜花"了，不如留下来出家吧。

整天吃饼让我怎么受得了——面食

所谓民以食为天，初到宝地，自然是以一饱口腹之欲为先。那就先从主食说起吧。

除了传统的五谷，也就是稻黍稷麦菽之类的"粒食"之外，面食也是宋代广大美食爱好者餐桌上的常客。宋代有谚曰："巧息（媳）妇做不得没面馎饦。"其意等同于巧妇难为无米之炊，可见面食已经成为重要的主食了。

说起来，坊间还流传着一则轶事，《霏雪集》有载："高宗时，饔人（也就是厨师）瀹（音yuè，煮）馄饨不熟，下大理寺。"厨师因为没把馄饨煮熟，被送到大理寺问罪。出了这事儿之后，有俩嘴欠且心中有丘壑的俳优在台上逗趣："优人扮两士人相遇各问年，一曰甲子生，一曰丙子生，优人告曰：'此二人皆合下大理。'问其故，曰：'夹子（也就是饺子）饼子皆生，与馄饨不熟同罪。'上大笑，为赦饔人。"从这则轶事我们可以看出，饼和饺子馄饨一定都是高宗经常食用的，否则也不会被俳优这么信手拈来的当做笑话讲出来。据《宋会要辑稿》，北宋时，御厨所用的面和米的比例为二比一，而到了南宋时稻米的比重有所增加，但仍旧以面食为主。

宋庄绰的《鸡肋编》中记载了这样的故事："楚州有卖鱼人姓孙，颇前知人灾福，时呼孙卖鱼。宣和间，上皇闻之，召至京师，馆于宝箓宫道院。一日，怀蒸饼一枚，坐一小殿中。已而上皇驾至，遍诣诸殿烧香，末乃至小殿。时日高，拜跪既久，上觉微馁。孙见之，即出怀中蒸饼云：'可以点心。'上皇虽讶其异，然未肯接。孙云：'后来此亦难得食也。'时莫悟其言。明年遂有沙漠之行，人始解其识。"孙卖鱼向徽宗皇帝呈上蒸饼曰可以充饥，徽宗皇帝并没有表现出对蒸饼的少见多怪，可见此时蒸饼这类的面食不只流行在市井，大概连皇帝也时不时要吃上几顿。

饼这种食物不只流行在凡间俗世中，连志怪的世界都有它们的身影。孙光宪的《北梦琐言》有这么一则"夜作煎饼，多招鬼神"的故事，说的是"有儒生出通衢，有云：昨夜崇福院僧作煎饼、肉羹，被我番其鼎器，其肉羹和灰埋花栏中。又一鬼于人家不得煎饼，推其小婢落火。复一鬼至，云：'我能医火烧疮，尔但与我煎饼。'因教之。有姬夜作煎饼，窗中忽露一青手，遗饼而没。"那时的鬼怪简直是专精恶作剧的，要么就将僧人做的饼和肉羹埋到花圃里，要么就是因为人家不给他饼就把小婢女推到火里，再觍着脸用医治烧伤的方子去换饼吃。看来不只是人，连那鬼也免不了嘴馋那些香喷喷的煎饼。

虽说饼是主食，味道也好，不过新时代的穿越姐妹们是蛋糕蛋挞吃大的，估摸着，这饼吧，偶尔吃吃还好，但干巴巴的，总不好顿顿都吃吧，依稀看到许多妹子对于这次穿越面露难色。

这里就要解释下了，这个饼不仅指的是现代意义上的饼，在中国古代的语言中，凡是由面做成的食物都可以叫饼。虽然从青海喇家遗址出土的面条向世人证明距今4000年的神州大地上，已经开始吃面了，但这些粗细均匀，卷曲地缠绕在一起的米黄色面条的原料却是粟和黍，也就是小米和黄米。

总的来讲，真正的面食，是从汉代开始兴起的，东汉刘熙《释名》中就提到"饼，并也，溲面使合并也"，也就是说，饼是水和面混合在一起所做出来的食品。《释名疏证补》有"索饼疑即水引饼"。这里的汤饼、索饼等便是面片之类的面食，也是面条的前身。而"面条"一词直到宋代才正式通用，花样也逐渐增多。吴自牧的《梦粱录》记载的临安市井面食小铺经营的各色面条就有"丝鸡面、三鲜面、素骨头面、鱼桐皮面、盐煎面、大熬面、笋泼肉面、丝鸡淘、虾𩽫棋子"等二十多种。如果您穿过去时不幸没带钱，又特别饿，建议吃了一碗后提出技术入股，把当今的红烧牛肉面、酸辣面等引进面食小铺，老板也许会放您一马，说不定还聘您当首席店小二呢。

当然，饼这类食物并不仅仅只包括面条，也就是汤饼，还有各式蒸的烤的煮的点心，简直能看花了眼。就《武林旧事》《东京梦华录》提到的面食零零总总大概就有上百种，诸如猪胰胡饼，诸色包子，荷叶饼、芙蓉饼、菊花饼，糖肉馒头、羊肉馒头，乳饼之类的。还可以凭借我们的经验来想象一下，那些寿带龟、子母龟、欢喜、捻尖、蒯花、笑𪁾儿之类的小吃点心，简直连想象都想象不出是什么东西。所以，亲爱的要放心，即便您对点心有相当高的要求，琳琅满目的宋朝临安小吃一条街都能满足您！

必须着重提醒的是，传闻因为宋仁宗名祯，为了避皇帝名讳，时人就将蒸饼读成炊饼，亦名笼饼，《水浒传》中武大郎卖的就是这种食物。若是真的不小心穿到了仁宗朝之后，记得千万不要念走了嘴。此乃宋穿要点，切记切记！

既然饼有如此众多的品种，卖饼的小贩们也都极尽能事地推销自家的产品，比如某个在京城卖环饼的小贩，"不言何物，但长叹曰：'亏便亏我也！'谓价廉不称耳。绍圣中，昭慈被废居瑶华宫，而其人每至宫前，必置担太息大言，遂为开封府捕而究之。无它，犹断杖一百罪。自是改曰：'待我放下歇则个。'人莫不笑之，而买者增多。"把自己被人笑话的倒霉事儿当成噱头来叫卖，这位小贩算是非常有职业精神的。故事里所谓环饼，即是现在所说的馓子，也就是古代寒食时候经常吃的一种油炸的点心。那位会吃会玩且把吃和玩上升到艺术高度的东坡先生，就为了耳根清净，

给隔壁卖馓子的老妪题了广告词："纤手搓来玉色匀，碧油煎出嫩黄深。夜来春睡知轻重，压匾佳人缠臂金。"前两句直接点出了纤纤素手揉出根根雪白的面条，然后放进油脂里炸得焦黄，后两句直接把馓子比喻成美人的金臂钏，简直可以说得上是秀色可餐了。就是不知道拿到这首诗的老妪看到被她烦得招架不住的苏老大的揶揄后是什么心情。

面食除了做主食，还作为节令食物出现在宋代人们的生活中。在梁克家所著的《淳熙三山志》中，记载了南宋福州有吃蔬饼作为立春节物的习俗。蔡公襄《立春寄福州燕司封》诗："春盘食菜思三九。"又有罗源林迥诗："青韭供盘饼面圆。"当然，这种蔬饼并不是只有福州才吃，也并不只有立春才吃。在灌圃耐得翁的《都城记胜》中记载夜间顶盘挑架的小贩，遍路叫卖一种羊脂韭饼，大概就是这样的东西。他还在书里得意洋洋地写道，这种场面要是被乡下人看见了，一定会认为是奇遇吧。当然，穿越过去的您看到了，可以卖弄一下现代的饼干品牌名，以您渊博的吃喝技巧震慑震慑一下这位名字很长的老翁！

跟着您，有肉吃——小菜和肉食

有了主食，还是要有点什么配着吃的。即使穷到只能吃麦饭也要配着"韭菹""笋脯""蕨丝""藜羹"什么的，否则我坚信；即使装着诸葛连弩捏着一大把"杀"指着这群诗人，他们也不一定吃得下那干巴巴硬邦邦的麦饭。

《夜宴图》　宋·佚名

虽取材于唐代十八学士夜宴的典故，但人物衣冠及画风，都具有南宋特色

　　掰着手指算算，现在我们吃的，宋代人民基本都吃过。各种文人笔记清楚地表明了您在宋代炖个排骨冬瓜汤，配个凉拌生菜、糯米藕、清炒茭白真不是什么新鲜的事儿。现在南方人民爱吃的水芹，那时候已经是常见的蔬菜了，其他诸如菠菜、紫苏、芥菜、牛蒡、黄瓜、葫芦、百合、苜蓿等等，也都是餐桌上的常客。这时候您就是想关起门偷偷吃个烙饼卷大葱、打卤面就大头蒜、醋溜白菜、烤韭菜什么的，都不是什么困难的事情。

　　除了各种各样品种丰富的新鲜蔬菜在坊市间售卖，各种小酱菜品种也足以让人看花了眼。《武林旧事》里提到的临安市面上售卖种种诸如"姜油多、蕌花茄儿、辣瓜儿、倭菜、藕、冬瓜、笋、茭白、糟琼枝、莼菜笋、糟黄芽、糟瓜齑、

淡盐齑、醋姜、脂麻辣菜、拌生菜、诸般糟淹、盐芥"之类的酱菜，简直可以和现在早市上的酱菜摊子的品种媲美了。

当然，就宋代乃至于我国五千年来广大有钱有闲的文化人一贯的德行，吃素这件事一定会上升到艺术的层面。反正宋时文人"多就禅刹素食"，吃素恐怕除了宗教原因或者养生，还有追求时髦的意思。

当时有位不知姓名、号为"本心翁"的老先生，可以说不食人间烟火得可与林妹妹有得一拼。他写了一本叫《本心斋疏食谱》的书，把他认为最最鲜美干净脱俗的二十种素食列入其中，还为每品素食写了十六字的赞。这二十种林妹妹铁定会喜欢的素食包括：啜菽、羹菜、粉餈、荐韭、贻来、玉延、琼珠、玉砖、银齑、水团、玉版、雪藕、土酥、炊栗、煨芋、采杞、甘荠、绿粉、紫芝、白粲。光看这二十品的名字简直就美得让人觉得不舍得吃掉，但是其实这二十种东西，都是简单得不能再简单的食物，翻译成现代我们餐桌上的东西，就是蘸作料吃的豆腐、菜羹、饴糖、春天的韭菜、水引蝴蝶面、蜜拌山药、荔枝肉、椒盐炊饼、椒姜调味的黄齑、包了糖的高粱团、笋、藕、萝卜羹、蜜渍煮栗子、煨芋头、枸杞、荠菜、绿豆粉、蕈、白米饭。

看了上面的解释有没有抚额的冲动。看着"四之日蚤，豳风祭韭，我思古人，如兰其臭"或者"春风抽籰，冬雪挑鞭。淇奥公族，孤竹君孙"这样的赞语，脑子活络点的同志们指不定多期待这话讲的是一位"如切如磋，如琢如磨"的王孙公子呢，结果人家端出一盘炒韭菜外加一盘白水煮笋，表示阁下是雅人，那我们就这样青梅煮酒配韭菜竹笋吃如何？

我想您脑内的刷屏，一定是"坑爹啊"三个字外加无数的感叹号!!!

有的同学该咆哮了，我们从无机物开始进化了好几亿年，不就是为了吃口肉么，天天吃菜要死啊！

别着急，爱吃肉乃是古今不变之真理。

君不见，忽悠得再怎么天花乱坠，都不如一句："跟着我，有肉吃。"

有人会说了，听说古代好贫困啊，吃不到肉怎么办？其实真的不必太担心，肉，宋代人民还是吃得起的。

不过为了能吃上可口的肉肉，同志们降落的时候一定要找准落点。在宋代，特别是北宋，北方多食用羊肉，而"鸡豚为异味"。后来随着宋代经济的发展，不只鸡肉猪肉，鱼鳖虾蟹也成了餐桌上的常客。不过，皇室还是基本秉承着"御厨止用羊肉"，"不登彘肉"的原则，即使到了南宋还没变。

就文献资料来看，宋神宗时期，御厨一年用"羊肉四十三万四千四百六十三斤四两，常支羊羔儿一十九口"，而猪肉只有"四千一百三十一斤"。而且这些猪肉多是属于用来看的"看碟"或者作为配菜。由此可见猪肉在宋代皇室食谱里只占了很小的一个比例。而当时供御膳使用的羊肉除了陕西冯翊县出产的之外，更有一部分是从契丹购买的。即使到了孝宗时期，对于皇后中宫的供给，还保持在"日供一羊"的水平。据《经筵玉音答问》载，孝宗曾为他的老师胡铨在宫中摆过两次小宴，主菜分别为"鼎煮羊羔""胡椒醋羊头"与"坑羊炮饭"，孝宗一边吃，一边赞道："坑羊甚美。"看来宋代文弱的皇帝们吃起肉来，真的是一点都不带含糊的。就是不知道嗜食羊肉这个习惯和《政和本草》大肆宣扬食羊肉有"补中益气，安心止惊，开胃健力，壮阳益肾"的妙效有没有什么联系。

所以想要打入宋代皇族内部，首先就要习惯吃羊肉。

于是，不能吃羊肉的同志们，您们悲剧了！

就跟现在广大肉食动物哀号猪肉太贵买不起一样，南宋的羊肉一样也是很贵的。据记载，当时吴越一带的羊肉九百钱一斤，如果按米价平均值折合到现在，相当于120多

块钱一斤。所以也难怪当时人写打油诗调侃"平江九百一斤羊，俸薄如何敢买尝。只把鱼虾充两膳，肚皮今作小池塘"了。

除了羊肉，开封城里当然还有群众们喜闻乐见的猪肉，临安城"内外，肉铺不知其几"。而每天赶进开封城的猪甚至达到"每群万数，止数十人驱逐"的程度。在这些大城市里，"每日不下宰数百口"，由此可见虽说皇室不太待见猪肉，但是广大人民群众还是很喜欢来一发大肉解解馋的。

除了鸡、鸭、鹅、猪和羊，天上飞的诸如鹌鹑、鸽子，地上跑的比如兔子、鹿、狍子，水里游的比如鱼、虾、蟹、蛤蜊，都是当时盘子里的常客。

当时街上的饮食店就有什么鸡脆丝、笋鸡鹅、奈香新法鸡、鹅粉签、五味杏酪鹅、绣吹鹅、鲈鱼脍、清汁鳗鳔、石首鳝生、石首鲤鱼兜子、银鱼炒鳝、撺鲈鱼清羹、酒法白虾、紫苏虾、清撺鹌子、红鸠子、八糙鹌子、蜜炙鹌子、鸠子、黄雀、酿黄雀、煎黄雀、辣野味、野味鸭盘兔糊、清撺鹿肉、黄羊、獐肉、醋赤蟹等等。

除了这些一看就让人很想吃的东西，"闽浙人食蛙，湖湘人食蛤蚧"，"广南食蛇，市中鬻蛇羹"这样跟现代人口味类似的肉类还比较容易接受。而像东坡先生所记述的，海南岛上以耗子和蝙蝠作为主要的肉类来源，即所谓的"荐以熏鼠烧蝙蝠"这样可以用猎奇来形容的食谱，即使以现代的眼光来看，也是相当惊悚的一道菜，却不知当时苏大学士是抱着什么样的心情吃下去的。

所以说，穿越的时候找准落点是一件多么重要的事情……

说了这么半天，会有同志们提出意见了，牛肉呢，我们最心爱的炖牛肉，烤牛排哪里去了？

醒醒吧少年！中国古代无论什么时候，宰杀耕牛都是犯法的行为。

在古代社会，牛是相当重要的生产力。历代政府都屡屡下令禁止宰杀耕牛。比如宋真宗时候，边关打了胜仗抢回来一批外国牛，皇帝都要特地下令把牛赶到内地干活儿，不要宰了吃掉。由此可见当时的耕牛是多么珍贵的生产物资。

但是，就像现在SARS病毒挡不住吃果子狸的热情，即使是官府的三令五申外加严厉打击，也杀灭不了广大吃货的尝鲜心理。而且似乎起到了反作用，很多地方以牛肉作为上品的美味。"秀州青龙镇盛肇，凡百筵会，必杀牛取肉，巧为庖馔，恣啖为乐。"这样公然违反律法的行为，简直跟梁山好汉在酒馆里公然叫嚣打两角酒，上二斤酱牛肉是不相上下的恶劣违法行为！

御膳什么的，太残暴了——皇帝的吃喝

话说抱着抓住一个男人/女人的心就要先抓住他/她的胃的同志们要注意了，在古代做御厨，绝对比现在的大厨还要有派头。

有句俗话说得好啊，富过三代才知穿衣吃饭。

在古代贵族的家里，厨房里的分工是极为细致的。《都城纪胜》里有言，宋室南渡之后，"官府贵家置四司六局"，即帐设司、厨司、茶酒司、台盘司、果子局、蜜煎局、菜蔬局、油烛局、香药局、排办局，"各有所掌，故筵席排当，凡事整齐。"您看看，连插花挂画、打料批切都有专人负责，可

《文会图》 宋·赵佶
在这幅画上，宋徽宗留下题跋，以此作为帝王统治下人才云集的象征图像

想而知当时筵席的准备工作分工是多么明确了。

宋代有个笑话说的就是这个事儿：说是有个士大夫在京城买了个妾，那个妾说自己是蔡京蔡太师府上做包子的厨娘。有一天，那个士大夫也想享受一下太师的待遇，高高兴兴地让那个小妾做个包子吃吃。结果那个小妾表示我不会做，士大夫囧了，问道："既是包子厨中人，何为不能作包子？"那个小妾理直气壮地答道："妾乃包子厨中缕葱丝者也。"原来她只会切葱丝。虽然是个笑话，但足可让吾等一窥古代豪门的厨子们分工是多么细了。

准备拿一碗奶油蘑菇汤来震慑古代人的同志们心虚了没？不要说御膳房，就是在三公府邸的厨房里，都很有可能连灶台都摸不到，这样的穿越简直是连祖宗都坑了。

被厨房的规模震撼的同志们先别忙着感叹，厨房人多是有其客观原因的，那是因为——皇帝吃饭的排场没有这么多人是赶不出来的啊！

从蔡太师《太清楼侍宴记》中记载的宫廷宴饮中，陈设及器用皆为"琉璃、玛瑙、水精、玻璃、翡翠、玉"。御宴上集中了全国"四方美味，螺蛤虾鱡白，南海琼枝，东陵玉蕊与海物惟错"。虽然不免有点夸张，但也能看出当时宫廷宴饮器用到盘子里的内容都是极尽华美奢侈的。

当然，虽然说得这么花里胡哨，但是仔细研究一下御膳的单子，您会发现里面大部分都是非常普通常见的食材——当然，身为御膳铁定是原料讲究那么一点点，全国各地的美味齐全了那么一点点，外加浪费得邪乎了那么一点点而已。比如说蟛蜞签和蟹肉馄饨只能用梭子蟹蟹螯里的肉；制作羊头签，只用羊两腮的肉；制作土步辣羹，只用鱼两腮部的肉。剩下的部分通通都要扔掉，而把这些部分拿来用的人，会被人看不起地骂做"这人真的像狗一样"。由此可以看懂御宴的奢靡多半是因为浪费造成的。

据《随隐漫录》的作者陈世崇偶然得到的几张司膳记载，皇帝赐给太子御膳《玉食批》中记载的菜单，包括：酒醋三腰子、三鲜笋炒鹌子、烙润鸠子、瓒石首鱼、土步辣羹、海盐蛇鲊、煎三色鲊、煎卧乌、焐湖鱼糊、炒田鸡、鸡人字焙腰子、糊燠鲶鱼、蟛蜞签、鹿膊、浮助酒蟹、江瑶、青虾辣羹、燕鱼干、瓒鲻鱼、酒醋蹄酥片、生豆腐百宜羹、臊子炸白腰子、酒煎羊、二牲醋脑子、清汁杂炫胡鱼、肚儿辣羹、酒炊淮白鱼。——这估计还不是一顿御膳的全部，但也可以一窥当时皇帝皇子妃子公主们吃得有多豪华了。

以《东京梦华录·宰执亲王宗室百官入内上寿》中记载的徽宗寿宴为例，让我们穿过历史的迷雾，托着下巴来看一看那欢饮的场面。

赵佶的生日是十月初十，而寿宴定在了十二日，这天一大早，皇亲国戚，宗室百官，外国使臣都纷纷早起进宫贺寿。集英殿山楼上教坊司乐人仿效百鸟的鸣声之后。"宰执、禁从、亲王、宗室、观察使已上，并大辽、高丽、夏国使则坐于殿上。诸卿少百官、诸国中节使人坐两廊。军校以下，排在

山楼之后。"

每人面前放置环饼、油饼、枣塔、果子作为看盘，并且特别优待了大辽使臣，另加猪、羊、鸡、兔、鹅熟肉作为看盘。每三五人就有一大桶美酒。其间陈设的餐具全是精美华贵的金、银、瓷、漆制品。

开宴时，皇家乐队钟鼓齐鸣，高奏雅乐。皇帝用玉杯，高级官员用金杯，其他人等用银杯。共饮九杯御酒，品尝佳肴，观看节目。

第一、二盏御酒，都是唱歌、奏乐、起舞、致敬这样的仪式，两杯酒饮罢，宴会的气氛开始活泼起来。

从第三盏御酒开始，就有杂技班子演出上竿、跳索、倒立、折腰、弄盌注、踢瓶、筋斗、擎戴之类百戏。内侍进前供上食，再给群臣端上"下酒肉""咸豉""爆肉"和"双下驼峰角子"四道菜点。有诗记载当时情形为："殿侍高高捧盏行，天厨分胙极恩荣。傍筵拜起尝君赐，不请微闻匙箸声。"

第四盏御酒，殿中开始上演杂剧，上"炙子骨头""索粉"和"白肉胡饼"。

第五盏御酒，先是琵琶独奏，然后由两百多个十二三岁的小儿跳"小儿队舞"，再演杂剧，又作歌舞。并上"群仙炙""天花饼""太平毕罗干饭""缕肉羹"和"莲花肉饼"。

第六盏御酒，这时候笙响起吹奏一首慢曲子，然后在殿前立起了球门，进行蹴鞠表演，再上"假鼋鱼"和"蜜浮酥捺花"两道大菜。

第七盏御酒，四百名女童跳采莲舞，又演杂剧，上"排炊羊胡饼"和"炙金肠"。

第八盏御酒，群舞，上"假沙鱼""独下馒头"和"肚羹"。

第九盏御酒，相扑表演，最后上"水饭"和"簇饤下饭"。

　　大宴结束后,"臣僚皆簪花归私第"。跳舞的女孩子们出宫的时候,街边"少年豪俊"争着赠送"宝具""饮食酒果",在一边围观的人摩肩接踵,"观者如堵"。当时有人赋诗赞云:"宴罢随班下谢恩,依然骑马出宫门。归来要侈需云栈,留得天香袖上存。""天上神仙府,人间帝王家。"

　　这种豪奢盛宴的盛况若是发生在盛世华年,也就罢了,但是要知道,这个是倒霉悲催的宋徽宗赵小佶的寿宴啊,还招待了一群外国使节,这简直是把一碗炖得香喷喷的好肉放在了一群饿狼面前一样。

　　赵构同志在绍兴二十一年(1151)十月"幸张俊第"时,张郡王献上的整个御宴的菜单非常地完整,也可以让我们一窥当时御宴的丰盛和豪奢。

　　这桌子菜包括点心、水果、干果、雕花蜜煎、香药、咸酸等共120碟,菜肴102碟。据《武林旧事·高宗幸张府节次略》录之如下:

　　绣花高饤一行八果垒:香橼、真柑、石榴、枨子、鹅梨、乳梨、溟楂、花木瓜。

　　乐仙干果子叉袋一行:荔枝、圆眼、香莲、榧子、榛子、松子、银杏、梨肉、枣圈、莲子肉、林擒旋、大蒸枣。

　　镂金香药一行:脑子花儿、甘草花儿、朱砂圆子、木香丁香、水龙脑、史君子、缩砂花儿、官桂花儿、白术人参、橄榄花儿。

　　雕花蜜煎一行:雕花梅逑儿、红消花、雕花笋、蜜冬瓜鱼儿、雕花红团花、木瓜大段儿、雕花金橘、青梅荷叶儿、雕花姜、蜜笋花儿、雕花枨子、木瓜方花儿。

　　砌香咸酸一行:香药木瓜、椒梅、香药藤花、砌香樱桃、紫苏柰香、砌香萱花柳儿、砌香葡萄、甘草花儿、姜丝梅、梅肉饼儿、水红姜、杂丝梅饼儿。

　　脯腊一行:肉线条子、皂角梃子、云梦粑儿、虾腊、肉腊、奶房、旋鲊、金山咸豉、酒醋肉、肉瓜斋。

　　垂手八盘子:拣蜂儿、番葡萄、香莲事件念珠、巴榄

子、大金橘、新椰子象牙板、小橄榄、榆柑子。

切时果一行：春藕、鹅梨饼子、甘蔗、乳梨月儿、红柿子、切枨子、切绿橘、生藕梃子。

时新果子一行：金橘、咸杨梅、新罗葛、切蜜蕈、切脆枨、榆柑子、新椰子、切宜母子、藕梃儿、甘蔗柰香、新柑子、梨五花子。

雕花蜜煎一行：（同前）

砌香咸酸一行：（同前）

珑缠果子一行：荔枝甘露饼、荔枝蓼花、荔枝好郎君、珑缠桃条、酥胡桃、缠枣圈、缠梨肉、香莲事件、香药葡萄、缠松子、糖霜玉蜂儿、白缠桃条。

脯腊一行：（同前）

下酒十五盏：

第一盏：花炊鹌子、荔枝白腰子；

第二盏：奶房签、三脆羹；

第三盏：羊舌签、萌芽肚胘；

第四盏：饨掌签、鹌子羹；

第五盏：肚胘脍、鸳鸯炸肚；

第六盏：沙鱼脍、炒沙鱼衬汤；

第七盏：鳝鱼炒鲎、鹅饨掌汤齑；

第八盏：螃蟹酿枨、奶房玉蕊羹；

第九盏：鲜虾蹄子脍、南炒鳝

第十盏：洗手蟹、季鱼假蛤蜊；

第十一盏：五珍脍、螃蟹清羹；

第十二盏：鹌子水晶脍、猪肚假江珧；

第十三盏：虾枨脍、虾鱼汤齑；

第十四盏：水母脍、二色茧儿羹；

第十五盏：蛤蜊生、白粉羹。

插食：炒白腰子、炙肚胘、炙鹌子脯、润鸡、润兔、炙炊饼、炙炊饼臡骨。

劝酒果子库十番：砌番果子、雕花蜜煎、时新果子、独装巴榄子、咸酸蜜煎、装大金橘小橄榄、独装新椰子、四时果四色、对装拣松番葡萄、对装春藕陈公梨。

厨劝酒十味：江珧炸肚、江珧生、蝤蛑签、姜醋生螺、香螺炸肚、姜醋假公权、煨牡蛎、牡蛎炸肚、假公权炸肚、蟑钜炸肚。

准备上细垒四桌：又次细垒二桌（内蜜煎咸酸时新脯腊等料）

对食十盏二十分：莲花鸭签、茧儿羹、三珍脍、南炒鳝、水母脍、鹌子羹、季鱼脍、三脆羹、洗手蟹、炸肚胘。

对展每分时果子盘儿：（略）

晚食五十分各件：二色茧儿、肚子羹、笑靥儿、小头羹饭、脯腊鸡、脯鸭。

这些琳琅满目菜品简直涵盖了我们所能想到的一切。从前菜看碟开始，到下酒小菜大菜，极尽奢华精致。

菜单最开始的"绣花高饤八果垒""乐仙干果子叉袋""缕金香药"这般听起来就华丽丽的让人浮想联翩的菜并不是用来吃的，而是用来看的。

所谓秀色可餐，"绣花高饤八果垒""乐仙干果子叉袋"就是用精致华美的器皿把香橼、真柑、石榴、枨子、鹅梨等等水果或者榧子、榛子、松子、银杏等等干果堆叠成层层叠叠的精巧形状，而"缕金香药"则是将"脑子花儿、甘草花儿、朱砂圆子、木香丁香、水龙脑、史君子、缩砂花儿、官桂花儿、白术人参、橄榄花儿"十盒香料作为摆设陈列在餐桌上。所谓色香味，这些看菜就是为了让食客在开吃前，先满足一下眼睛和鼻子的需求。就如同现在餐桌上的灯光、鲜花、烛火之类的玩意，主要就是为了烘托

气氛。而在宋代，不过是把现在乏善可陈的摆设变得精致华美而
富于想象力。除了果子香料之外，还有摆设"环饼、油饼、枣塔为
看盘，次列果子"，这些看盘都是"俱遵国初之礼在，累朝不敢易
之"。等到招待辽使的时候，就变成了非常具有游牧民族特色的
"独羊鸡鹅连骨熟肉为看盘，皆以小绳束之，又生葱韭蒜醋各一
碟"——因为辽国招待贵客最尊贵的礼节就是在熟的肉食之上摆
放生的葱蒜韭菜。不只这些看盘的内容丰富，连盛装他们的器皿
都是极尽之华美精致。《梦粱录》有记载："其御宴酒盏皆屈卮，
如菜碗样，有把手。殿上纯金，殿下纯银。食器皆金棱漆碗碟。"
配上清香袭人的果子，绝对是开餐前不二的精神享受。

　　现代人往往是在饭后才上果盘，而宋人却是在饭前享受果
品。雕花蜜煎如果用拿到现代，就是活生生的工艺菜。虽然这些
看碟的做法现在早已泯灭在历史的长河里，但是从一路传承到
现在的萝卜雕牡丹，冬瓜西瓜刻灯笼的工艺菜来看，那些汴梁城
上至王公大臣，下至平民百姓都趋之若鹜的花梅球儿、蜜冬瓜
鱼，或是在小小青梅上雕出的荷叶，应该是那样兼具了精致和美
味的小食——当然，对于皇亲贵胄来说可能这些不过是餐桌上有
趣可爱的摆设之一。

　　砌香咸酸应该是一种类似现在盐渍的制作方法，《都城纪
胜》说，"蜜煎局专掌糖蜜花果、咸酸劝酒之属"，配着前面雕镂
成漂亮花样的香甜蜜饯，正好下酒。

　　之后端上来的是十味脯腊。脯腊是腌制的新鲜肉类，比如
说其中的旋鲊，就是宋初创出的名菜。《铁围山丛谈》中有一则
轶事记载了这道菜的出处，话说"开宝末，吴越王钱俶"来朝，宋
太祖因为钱俶是江浙人，所以命令御厨"大官""创作南食一二
以燕衎之"。然后御厨"仓促被命，一夕取羊为醢以献焉，因号旋
鲊。至今大宴，首荐是味，为本朝故事"。

宋

《释名》中云："鲊，菹也，以盐米酿鱼为菹，熟而食之也。"《吴氏中馈录》中记载的肉鲊条的做法也许可以作为参考，"生烧猪羊腿，精批作片，以刀背匀捶三两次，切作块子。沸汤随漉出，用布内扭干。每斤入好醋一盏，盐四钱，椒油、草果、砂仁各少许，供馔亦珍美"。《岭外代答》也记载了鱼鲊的制作方法："南人以鱼为鲊，有十年不坏者。其法以及盐面杂渍，盛之以瓮，瓮口周为水池，覆之以椀，封之以水，水耗则续。"总的来说，鲊就是用醋、盐、各种香料将新鲜的鱼和肉进行短时间的腌渍，然后趁着新鲜食用的方法。

像不像隔壁十一区的寿司？想要靠异域番邦食物打开场面的孩子们抱着米饭去哭吧……

所谓"垂手八盘子"，和之前的"绣花高饤八果垒"有点像，但是跟"八果垒"香橼、石榴、花木瓜这样大个的水果相比，"垂手八盘子"都是小巧玲珑的时鲜水果，应该是与"八果垒"呼应的看盘。在一大堆乱七八糟歌功颂德之后，开始上第二轮的菜。首先是八盘切时果和十二品时新果子，接着就是和前面一模一样的十二品雕花蜜煎和砌香咸酸。除此之外，还有十二道"珑缠果子"。

到这里，各种果子甜品就暂时告一段落，接下来就是"下酒十五盏"。由菜单来看每盏包括两道菜品，共计30种菜。

宋代的宫廷饮食的风格一贯是"饮食不贵异味，御厨止用羊肉，此皆祖宗家法，所以致太平者"。比如菜单中的奶房签、羊舌签、奶房玉蕊羹等都是羊肉所做的大菜，因此可以看出虽然宋室南渡之后，江南产羊极为有限，但是羊肉在肉食中仍占重要地位。不过从这份菜单来看，御膳已经不是羊肉的天下了，水产变成了与羊肉分庭抗礼的重头戏。而羹类的食物大行其道，有理由相信，这时候的皇帝喜欢绵软滑嫩的汤羹胜过带有膻味的羊肉。更有理由相信，像仁宗赵老六那样半夜醒了想吃烧羊的好胃口，已经被江南绵和的春风细雨融化在宋嫂鱼羹鲜美柔润的口感中了——当然，不排除赵构那个吃货，羊肉吃腻了想要换换口味。从他能毫不顾忌地

派人去市井街边买上一份"鱼羹""李婆婆杂菜羹""贺四酪面脏""三猪胡饼""戈家甜食"解馋来看，就知道这位对于口腹之欲的看重恐怕已经上升到了执着的地步。

这三十份菜肴多数的做法已经不可考了，但依旧在各种笔记里能寻到一二，《山家清供》记有螃蟹酿橙的制法："橙用黄熟大者，截顶剜去穰，留少液。以蟹膏肉实其内，仍以带枝顶覆之。入小甑，用酒、醋、水蒸熟。用醋、盐供食，使人有新酒、菊花、香橙、螃蟹之兴。"这道菜迄今为止还是浙菜名菜之一。可想千年之前，人民的舌头就已经被宠惯到了怎样的程度。

所以说，什么秋风之叹莼鲈之思，怎么也有十之四五是真心的嘴馋吧。

吃出水平吃出艺术——东坡先生的小灶

宋代文人们，是非常有趣的一群人，他们忧国忧民又爱玩爱吃，前一秒还在阳春白雪地琴棋书画诗酒茶，下一秒就可以下里巴人围着灶台打转。其中典型的代表就是苏轼苏东坡。

就好像历史落于文字记录者都是文人一样，那些散落于民间的风俗饮食最直接的记录者也都是当时的文人们。当时的风流雅士对吃喝玩乐的撰写保存简直是不遗余力，甚至不少人会撸起袖子抛去圣人"君子远庖厨"的教导自己捣鼓起吃食来。宋代的饮食著作大致可分为食经类、茶学类和酒学类等三类。《通志·艺文略》将食经单独作为一个门类列出，著录可达41部360卷。而把吃吃喝喝写进诗词歌赋，在宋代更是比比皆是。

那时候写的不是像现在的食谱一样，第一步放什么原料第二步放什么调料，而是用闲适而文雅的词语，细细地描述能够入诗入画的菜品。

《清异录》记载了郑文宝"云英面"的做法："藕、莲、菱、芋、鸡头（即芡实）、荸荠、慈姑、百合，并择净内，烂蒸之。风前吹晾少许，石臼中捣极细，入川糖蜜（四川出产的糖和蜜），熟（蒸熟），再捣令相得（再入白中捣，使糖、蜜和各种原料拌均匀），取出，作一团。停冷，性硬，净刀随意切食。糖多为佳，蜜须合宜，过则大稀。"这般切成细细薄片的甜香雪白点心，如同雪白的花瓣一般摆在琉璃盘中，真的可以用"萼绿凌风，云英怯冷，未放瑶池宴"来形容了。

说起吃喝，东坡先生可以算得上其中的翘楚，作为一个现代人，可能不知道东坡先生做过什么官，但是东坡肉却是不可能没听说过。

话说乌台诗案之后苏轼被贬到黄州作团练副使，有啥功绩且不说，苏轼在黄州最大的收获大概就是学习了诸葛丞相在黄州找了片地躬耕了一下，还起了个颇为风雅的号：东坡居士。东坡者，躬耕之地也；居士，道艺处士也。

不过这跟广大人民群众的切身利益没啥太大关系，但是苏轼贬谪黄州却是真正造福了此后一千年吃货们的舌头和胃。食肉一族的大爱，解馋的不二法宝东坡肉即是在此时此地发明的。话说在此之前，猪肉是一种有钱人不屑于吃，而穷人不知道怎么吃的东西，导致猪肉的价钱一直不高——喜欢吃猪肉的同志们可以注意落点坐标了，公元1079年到1084年的黄州，也就是现代的湖北黄冈——没错，就是那个广大群众高中时期最痛恨的地方（因盛产教辅）。到了那里记得在东坡先生面前露两手咱现代吃货

们炖猪肉的技术，没准他一吃美了就写个《与×××炖肉赋》，从此您就跟着诗文一起流传千古了。

其实苏轼真的写过一首关于炖东坡肉的文，叫《猪肉赋》，里面详细描述了东坡肉的做法："净洗铛，少着水，柴头灶烟焰不起。待他自熟莫催他，火候足时他自美。黄州好猪肉，价钱如泥土。贵者不肯食，贫者不解煮。早晨起来打两碗，饱得自家君莫管。"方法总结起来很简单，就是小火慢炖。结果不言而喻，大文豪兼吃主儿所发明的这道菜迅速地在民间流传开来了，顺带造福了一代又一代的食肉动物。

苏东坡像

当然，对于素菜，先生也多有研究——值得一提的是，也许他是最喜欢把菜谱写成赋的文人了，从《猪肉赋》到《菜羹赋》再到《东坡羹颂并引》，几乎可以照着这些文字把菜做出来。

所谓"东坡羹"乃是"东坡居士所煮菜羹也"。是用"菘若蔓菁、若芦菔、若荠"即白菜、大头菜、萝卜煮成羹汤，然后在羹上蒸饭，"饭熟羹亦烂可食"。做出来的菜羹"不用鱼肉五味，有自然之甘"。联系到《菜羹赋》里，自言"水陆之味，贫不能致"，穷

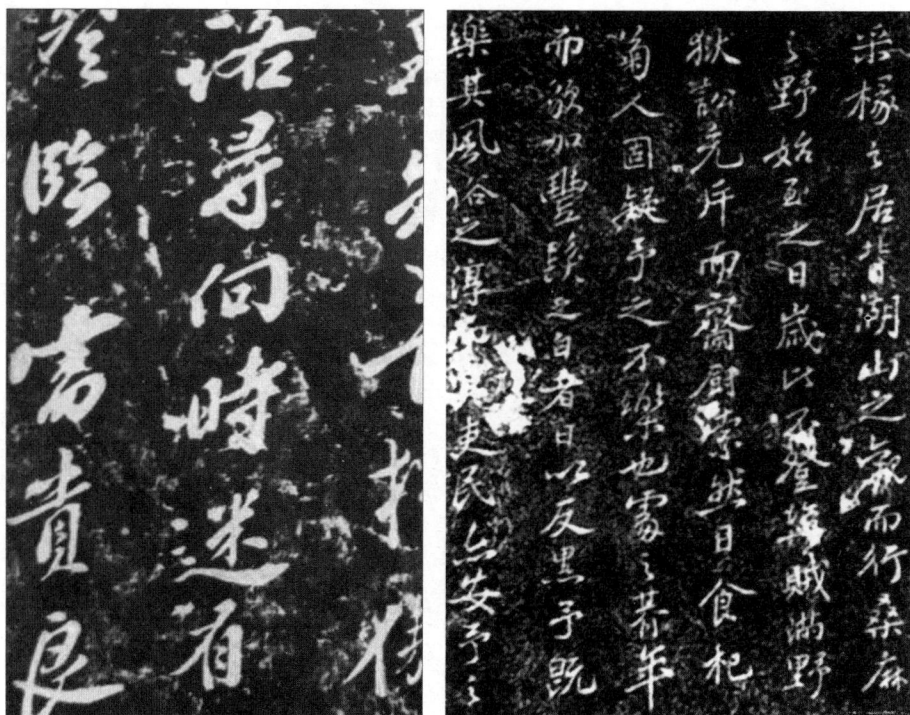

苏东坡手迹碑刻

的只能吃萝卜大头菜，然而这菜羹却是鲜美可口，虽然吃不上肉，但是东坡先生却自言："先生心平而气和，故虽老而体胖。"

不过东坡先生也不是每次都能成功，比如蜜酒就是典型的失败品。虽然老先生他自己写了《蜜酒歌》陶醉于"不如春瓮自生香，蜂为耕耘花作米"，"南园采花蜂似雨，天教酿酒醉先生"之中，但是也改变不了他自作的蜜酒味道惨烈的事实。话说《避暑录话》有记载："苏子瞻在黄州作蜜酒，饮者辄暴下。其后在惠州作桂酒，尝问其二子迈、过，亦一试而止。"话说东坡先生这个蜜酒，喝过的人基本都跑不了闹肚子这个下场。就是讨了方子去，也是做一次就放弃了，可想而之东坡先生酿的蜜酒估计不是什么

好喝的东西，但而后发展出的蜜酒却成了宋代名酒之一。

苏东坡不只吃得精还吃得雅，并且还善于从吃喝来揶揄人，最牛的是，调戏了好友还能调戏得流传千古。话说苏轼有个表哥兼好友文同文与可喜欢吃笋，又擅长画竹。有一天苏大学士给表哥写了一首诗云："汉川修竹贱如蓬，斤斧何曾赦箨龙。料得清贫馋太守，渭滨千亩在胸中。"文与可收到信时，正与妻子烤笋子吃晚饭，看完了这首诗瞬间把嘴里的饭喷了满桌子——吃了那么多笋子画了那么多竹子，当然有千亩的好竹填在胸腹之中。从此便多了"令人喷饭""胸有成竹"的典故，也不怪文与可感叹"世无知己者，惟子瞻识吾妙处"。

《调谑编》有言："东坡喜食烧猪，佛印住金山时每烧猪以待其来。一日，为人窃食。"到嘴的肉飞了，本来就喜欢调侃佛印的东坡先生免不了又要发发牢骚调侃一番。"远公沽酒饮陶潜，佛印烧猪待子瞻。采得百花成蜜后，为谁辛苦为谁甜？"却不成想"为谁辛苦为谁甜"后世竟奉为警句。若是东坡先生泉下有知，发现自己吃不到肉的一番调侃变成了从小学到中学多次出现在语文试卷作文中的励志名句，并且多次被老师阐发意蕴，他会不会跳出来辩解："其实，我说的是猪肉……"

东坡居士不但会吃会做，还知道去哪里吃。这位老大经常在借宿佛寺的时候琢磨着早晨如何去蹭粥喝。在蟠龙寺，他就直接抱怨道："愧无酒食待游人，旋斫杉松煮溪蕨。"这寺内没啥可吃的，紧接着就表示"板阁独眠惊旅枕，木鱼晓动随僧粥"（《二十七日自阳平至斜谷宿于南山中蟠龙寺》）。早饭蹭一碗粥美得很呐。

从"木鱼呼粥亮且清，不闻人声闻履声"（《宿海会寺》）到"灊山道人独何事，半夜不眠听粥鼓"（《大风留金山两日》），借宿寺内半夜经常不睡的苏胖子，似乎最大的爱好就是躺在床上听着早晨宣告吃饭的木鱼声。有理由相信，这位诙谐有趣的大文豪，八成会施施然地跟过去蹭一碗来一解腹内饥火。

这也不怪苏大学士如此，粥这东西一向跟佛有着不解之缘，佛寺里熬得一锅好粥那便不是什么奇怪的事情了。

虽然大学士是个真的吃主儿，但是他还是很注重养生的。话说《东坡志林》有云："元符三年，岁次庚辰；正月朔，戊辰；是日辰时，则丙辰也。"也就是元符三年正月初一八点的时候。"三辰一戊，四土会焉，而加丙与庚：丙，土母，而庚其子也。土之富，未有过于斯时也。"此时正是四土相会之时，所以要"养黄中之气"。于是苏胖子"取薤姜蜜作粥以啖"，就是拿薤和姜加上蜜熬了一锅粥——您看，他的确是喜欢喝粥的。

薤就是流传千古的挽歌《薤露》里说的那种植物。"薤上露，何易晞。露晞明朝更复落，人死一去何时归。"薤的叶子尖尖长长，上面的露水是多么容易干枯滑落，露水没了明天还能再凝结起来，人若逝去了何时才能归来。虽然这诗唱得悲怆，但薤真的是个好东西，其性辛，苦，温，滑，无毒，入手阳明经。主治金疮疮败。可以轻身，不饥耐老，仙方及服食家皆须之。学道人长服之，可通神安魂魄，益气续筋力。

"不饥耐老"这个特点注定了薤这玩意可以当做主食。"金橙纵复里人知，不见鲈鱼价自低。须是松江烟雨里，小船烧薤捣香虀。"在老饕苏胖子眼里，金橙配上鲈鱼才是味美。烤薤白捣泥做"香虀"更是风雅的美食美事。

如果说大部分老饕只是满足口腹之欲的话，那么东坡先生饮食之道上升到了审美的理论层面。这位老先生有一首《老饕赋》有言："庖丁鼓刀，易牙烹熬。水欲新而釜欲洁，火恶陈而薪恶劳。九蒸暴而日燥，百上下而汤鏖。尝项上之

一脔，嚼霜前之两螯。烂樱珠之煎蜜，溜杏酪之蒸羔。蛤半熟而
含酒，蟹微生而带糟。盖聚物之夭美，以养吾之老饕。婉彼姬姜，
颜如李桃。弹湘妃之玉瑟，鼓帝子之云璈。命仙人之萼绿华，舞
古曲之郁轮袍。引南海之玻黎，酌凉州之蒲萄。愿先生之耆寿，
分余沥于两髦。候红潮于玉颊，惊暖响于檀槽。忽累珠之妙唱，
抽独蠒之长缫。闵手倦而少休，疑吻燥而当膏。倒一缸之雪乳，
列百柂之琼艘。各眼滟于秋水，咸骨醉于春醪。美人告去已而云
散，先生方兀然而禅逃。响松风于蟹眼，浮雪花于兔毫。先生一
笑而起，渺海阔而天高。"

　　苏胖胖心中，美食乃是至高的享受，完美的一餐，要庖丁来
掌刀，易牙来调味。烹调用的水要新鲜清澈的清水，锅碗瓢盆要
清洁干净。柴火要勤添换控制得恰到好处。各种各样的食物都
有不同的烹调方法，有的要蒸煮晾晒，有的要小火慢炖。好猪肉
莫过于小猪后颈，霜冻前螃蟹的大螯最是肥美，樱桃煎蜜和杏酪
都是美味的甜品，蛤蜊要煮到半数和酒吃，螃蟹用酒糟蒸的不能
太过。天下凡是好吃的东西，苏胖子表示自己都喜欢。吃饭的时
候，还要观赏音乐歌舞。要有婉约端庄艳若桃李如姬姓姜姓公
主那样的大家女子弹玉瑟鼓云璈，还要有萼绿华那样冰肌玉骨
的仙女随着《郁轮袍》的曲调翩翩起舞。举起南海的玻璃杯，倒
上西域的葡萄酒。这才是一顿完美的宴席——虽然后半段关于
漂亮妹子完全就是这位的妄想，但是对于前面各种美味佳肴的

描述，绝对非常符合现实。

真的吃货敢于直面铺天盖地的美食——市井小吃

    虽然各朝各代的民间饮食都会以皇室宫廷作为风向标，但真正流传千古的美食，却永远不会只是来自于宫廷。宋代的城市是那些困坐皇城的皇帝们都日夜琢磨着出去逛一逛的繁华似锦的都城。

    当我们降落在宋代的都市里，看到的已经不是唐朝整整齐齐的里坊，而是宽阔热闹的大街，以及平民阶级从每日两餐到每日三餐的巨大飞跃——所以说，穿越到宋朝，吃饱又喝好。您要是不小心穿到之前的朝代，作为平民每天只能在晌午和晚上吃到两顿饭。作为每日三餐加夜宵吃习惯了的现代人，一下子到了一天只吃两顿饭的地方，不饿疯了才怪呢。不过即使到了北宋，吃饭的时间也跟现代不一样，由于夜生活的丰富，吃饭的时间变成了晌午、傍晚和入夜。所以，穿越者们，奋斗吧！吃早点这样的好习惯需要您们来推广。

    好吧，其实就现代死宅们每天从中午开始的习惯来说，早饭什么的真心不重要。

    宋代的餐饮业同现代比起来，丝毫没有逊色到哪里去。要知道一直到盛唐时期，平日里晚上出门都还是犯法的行为。一直到了北宋初年，才完全废除了宵禁制度。所以说，在唐代，请您吃晚饭意味着请您留宿自家抵足而眠彻夜长谈啥

的。到了宋代，就丝毫不用怕吃了晚饭就来不及回家了。

如果您有幸准确降落在了首都并且顺利地拿到了户籍，那么恭喜您，从此时起，您基本就衣食无忧了。那时候都城的平民有一个绰号叫"骄民"，他们家里的灶台基本就是个摆设。所谓"坊巷院落，纵横万数，莫知纪极，处处拥门。各有茶坊酒店，勾肆饮食。市井经纪之家，往往只于市店旋买饮食，不置家蔬"。甚至连洗脸水都有卖的，开伙还有什么必要？

不会做饭的同志们有福了！

宋代经营饮食的店包括酒楼、食店、饼店和茶肆。

宋代酒楼的硬件和软件放在现在绝对都是超五星级的。当时都城中人，只要家里宽裕的，一般都是"风俗奢侈"，餐馆用的都是银质的餐具。仅仅"两人对坐饮酒"，桌子上就"注碗一副，盘盏两副，菓菜碟各五，水菜碗三五只"，一桌子上光餐具用银就近百两。

都城的酒肆不只硬件奢华，连服务之类的软件都是一流水平的。"凡下酒羹汤，任意索唤，虽十客各欲一味，亦自不妨。过卖铛头记忆数十百品，不劳再四，传喝如流，便即制造供应，不许小有违误。"这般好记性好服务，放到现在也不多见。然后上菜的人"左手杈三碗、右臂自手至肩驮叠约二十碗"，几十道菜流水一样的送上来，一点错误都没有，这对被电子产品惯坏了的现代人来说，简直要叹为观止了。现在下饭馆您带一瓶啤酒人家都可能收您两瓶啤酒钱的开瓶费，但是在宋代，酒楼里穿梭着许许多多的酒保、茶博士、经纪兜售酒水菜品点心。若是不喜欢酒楼里的饭菜，大可招呼人去"外买软羊、龟背、大小骨、诸色包子、玉板鲊、生削巴子、瓜姜之类"。

酒店里穿梭着做生意的小贩们，都有各自的称呼，并不是像现在一样招呼一声老板或者服务员就可以了。卖下酒菜的小贩，叫"茶饭量酒博士"；头发挽成危髻，腰里系着青花布的手巾，站在一边换汤斟酒的夫人名为"焌糟"；酒店里帮人买东西跑腿的人叫"闲汉"；那些上前换汤斟酒、唱歌献果子讨钱的人，叫"厮波"；还有不入流的妓女在一旁唱歌招揽客人，被称做"劄客""打酒坐"；然后还有卖药卖果实萝卜的，他们的买卖策略很有趣，并不叫卖，而是直接将货物散给在座的酒客，然后等着收钱，这类不知道算不算强买强卖的小贩们，被叫做"撒暂"。

其实这些酒肆食店还各有不同，比如有茶饭店，除了卖茶，还"兼卖食次下酒"，包子酒店的经营内容包括了"鹅鸭包子、四色兜子、肠血粉羹、鱼子、鱼白之类"。

许多穿越女们穿越后的第一桶金，都来自于开餐馆，殊不知宋代私家菜馆早就不是啥新鲜玩意。那时候有种酒店叫"宅子酒店"，一般是指店面的装修成"仕宦宅舍"样子或者由仕宦宅舍改建成的餐馆——这简直就是现代私家会馆的模式了。

还有一种"庵酒店"，简直就是青楼了，酒楼里暗藏着睡床，若是看上哪位姑娘自可以于酒店中一度春宵。这种酒店门首的红栀子灯上，无论晴天下雨，上面都是用箬盖着。知道的人看到这样的幌子，就知道这里是庵酒店了。而其他的酒店，娼妓们即使是伴坐陪酒，也不能在店内做生意，而是要回到她们自己的居处。

等到宋室南迁之后，旧京之人在新都开设了许多北味的食肆，比如羊饭店兼卖酒。卖一些如头羹、石髓饭、大骨饭、泡饭、软羊、浙米饭、煎事件、托胎、奶房、肚尖、肚、腰子之类的北方饭食，而与之相对的南食店，卖的是面食鱼肉，如铺羊面、生面、姜拨刀、盐煎面、鱼桐皮面、抹肉淘、肉菹淘、棋子、燥子面带汁煎、扑刀鸡鹅面、家常三刀面等等。饱荠店专卖大燠、燥子芋并馄饨；菜面店专卖菜面、菹淘、血脏面、素棋子、经带或有拨

刀、冷淘；素食店卖素签、头羹、面食、乳蕈、河鲲、脯、元鱼，以及麸笋乳蕈饮食，衢州饭店又谓之闷饭店，专卖家常饭菜。

当然无论是开封城还是临安城，都不仅仅是高官显贵的都城，那些兜里只有几个大钱的贫民，也有地方来让他们满足口腹之欲"求食粗饱"，所以都城里有卖菜羹饭店，饭店里还兼卖煎豆腐、煎鱼、煎鲞、烧菜、煎茄子。

除了食肆酒店，市面上还有很多卖点心，也就是小吃的店面，大概多卖猪羊鸡煎炸、四色馒头、灌脯、灌肠、红煨姜豉、蹄子肘件，白天晚上都有顶着盘挑着架沿街叫卖的小贩，沿街叫卖蒸梨枣、黄糕糜、宿蒸饼、发牙豆、鹌鹑儿、焦锤、羊脂韭饼、春饼、旋饼、沙团子、宜利少、献糕、炙子等等，都是常见的场面。

有卖干饭小吃的自然也有卖饮料的，不要小看宋代人饮料的丰富程度，很多我们现在热爱的东西那时候早就有了。甘豆汤、豆儿水、鹿梨浆、卤梅水、姜蜜水、木瓜汁、沈香水、荔枝膏水、苦水、金橘团、雪泡缩皮饮、梅花酒、五苓大顺散、紫苏饮、椰子酒……光听名字就觉得甜甜凉凉，空气中都弥漫着一股中药的气味。在夏天，这些饮料里都会放上在冬天时候储藏下的冰雪。夏天来一口，凉爽直透心底。再加上各种甜水里都放有各式药材，除了爽口又能预防疾病，比起现在的可乐雪碧来说，既健康又美味。

喝了饮料，还有许多卖水果的摊贩在街上叫卖，瓜果梨桃，樱桃、杨梅、葡萄，枣子、李子等等，甚至还有现在菱角莲子藕都是当时流行的水果。总的来讲北方盛产梨子，著名的有凤栖梨、金凤梨、语儿梨等等，而南方盛产荔枝，有《荔枝谱》列举了福建沿海四郡所产荔枝名品，比如陈紫、红绿等等。

除了新鲜的水果，宋代还流行吃"果子"，指的是桔红膏、荔枝膏、二色灌香藕、糖豌豆、蜜儿、乌梅糖、薄荷蜜这类甜品。还有晾晒风干之后的干果、腌渍之后的雕花蜜煎和砌香咸酸等等。

从皇帝的御宴到平民百姓，吃饭之前都是先上果子拼盘，然后再上饭上酒。宋人有多爱吃，就有多爱水果，即使到了半夜，街上还是会有卖水果的小贩沿街叫卖，可想而知那时都城骄民们的生活是多么幸福闲适了。

说到夜市，就不得不提到在开封城里的夜市，几乎是通宵达旦的，"夜市直至三更尽，缠五更又复开张。如要闹去处，通晓不绝。"三更关门，五更又开张，想要刷夜是绝对没问题的。而且一年四季，甚至下雪的时候，夜市都不会关闭。"至三更方有提瓶卖茶者。盖都人公私荣干，夜深方归也。"夜生活跟现代比起来甚至是有过之而无不及——就是现代，也没有谁家天天都在外面的店里买饭吃加混在夜市啊。

不过虽然这时候的餐饮业已经如此之繁华了，但是仍有吾等穿越者大展拳脚之处。要知道那时候油是很金贵的，虽然贵族士大夫之中流行油炸食品，但是在坊间的小吃，连炒菜都不怎么放油。所以到了那里想办法开家"啃得鸡"应该是个不错的主意。

如果可能的话，记得揣包辣椒种子过去，没有水煮鱼、口水鸡、麻辣烫的日子是多么难熬不用我说大家也明白。要是兜里地方大的话，再装上点南瓜、土豆、玉米，没准中国第一次人口上亿能提前好几百年。——用食物改变历史，您动心了么？

【穿】

潘金莲算什么，李清照才是榜样

让我们拜倒在八王爷的铐带之下——朝服公服与男装

对于一心走宫斗路线的少女们，以衣冠取人是必须要点满的技能。一眼看出来者是皇帝王爷还是宦官大臣，这绝对是踏出找男主开后宫第一步的基础。要是万一不小心看差了眼扑错了，那绝对是不可言说的惨剧。

首先，皇帝在参加重大的祭祀活动和庆典的时候，穿的衣服叫冕服。什么叫重大的祭祀活动和庆典呢？第一种是过节，元旦冬至；第二种是祭祀，比如祭天地日月土地太庙神明；第三种是庆典，比如皇帝自己的生日万寿节、登基、文武状元金殿传胪等等。也就是说像小说里那样在皇宫里到处乱跑结果撞上穿着整齐冕服的皇帝，两人趴到一起，冠上的珠子哗啦啦掉了一地这样的场面，出现的可能性无限趋于零——即使您成功地躲过了侍

《历代帝王像》（南薰殿旧藏）中，戴通天冠、穿绛纱袍、佩方心曲领的皇帝

卫、宫女在皇宫里到处乱窜，也很难看到穿着正式冕服的皇帝。

从《宋史·舆服志》来看，冕服分为大裘冕、衮冕、鷩冕、平冕、肃冕、宏冕。其中平冕、肃冕、宏冕、衮冕用于天子南郊（帝王祭天大礼）、藉田（皇帝参加农业生产）；大裘冕、衮冕、鷩冕、七旒冕用于九天子祭天地、宗庙，朝太清宫，飨玉清昭应宫景灵宫、受册尊号、元日受朝、册皇太子、皇太子受册、谒庙、朝会、加元服、从祀。

衮冕，即服衮而冠冕，是自周代以降，使用最为长久的冕服之一，也是现代人民比较熟悉的冕服。宋代的冕服，虽然前前后后可能有点改动，但基本就是我们从电视里看到的那样。方方正正的冠冕前圆后方，前低后高，玄表朱里，用的都是最华美精致的绸缎锦帛，前后有十二旒悬垂，冕上插着玉簪，有充耳悬挂在两边，还有绦纽带系在颔下。衮服为青衣红裳，也就是上身的外衣是青色的，下身的裳是红色的，衣裳上下一共绣着十二章，分别为日、月、星辰、山、龙、华虫、火、宗彝、藻、粉米、黼、黻。

脚底下穿朱袜赤舄，都穿好了之后，还要配上玉佩，拿上玉柄的天子剑，这才是一身完整的礼服。

其他的冕服都跟衮冕大同小异，比如说大裘冕是《周礼》里记载的古代最高级别的祭服，就是在衮冕外面加一件大裘，让皇帝——真的不是特指神宗陛下——在冬至祭

天这一天穿上显摆。除了皇帝，百官也各有分品级的冕服。两宋时期官员的冕服在庆历、元丰、大观、政和、绍兴年间都有过改易，按等级分为九旒冕、七旒冕、五旒冕、紫檀冕和平冕等等。

宋代官服分为祭服、朝服、公服、时服、戎服、丧服等。其中朝服，在宋代的名字又叫具服，用于重大典礼朝会，如册封、侍柯、元旦、冬至等。基本的搭配为冠、交领、裙裳大带、革带、佩、绶等。区别最大的就是冠，天子公服为通天冠，太子为远游冠，臣子则按品级佩戴进贤冠、貂蝉冠、獬豸冠。大臣们的公服其搭配基本可以为上身穿朱衣，下身系朱裳，里面穿着白花罗中单，束以大带，再以革带系绯罗蔽膝，方心曲领，挂玉剑、玉佩、锦绶，穿白绫袜黑色皮履。这个搭配是六品之上的官员，六品以下只要刨去中单、佩剑及锦绶就可以了。所以说，一身红彤彤的包大人，顶着一张黑锅底一样的脸，效果的确是有点惊悚，这样的官服只有狄青那种传闻面相清秀白皙的英武青年穿起来才比较赏心悦目。

其实还有一个方法能够快速地区分官职的大小，那就是数冠上梁的条数，冠上梁越多，说明官越大。宋代前期最多是五条梁，到了后期，最高等级就变成了七梁冠，只要顺着往下数，基本分清楚这人官职大小是毫不困难的事情。

宋朝百官常朝视事，皆穿公服，也就是我们通常所说的"官服"。基本就是常见的那种曲领大袖，腰间束以铐带，头戴幞头，脚穿靴或革履。这身衣服基本就是隋唐时候平时穿的常服。到了宋代，改了改就变成了上朝用的制服。值得注意的是，头上戴的东西绝对不能大意，幞头有软脚和硬翅两种，公服的幞头，都是硬翅的，而穿便服才能戴软脚幞头。

朝服上最容易让人搞清楚等级的就是铐带，所谓铐带就是

聂崇义《三礼图》中的皇帝冕服图、皇后祎衣图

系在外衣外面用来扎紧衣服并且还能悬挂一些随身物件的腰带。铐带的本体都是皮革所制，由带鞓、带銙、带头、带尾四部分组成。用来区分等级的主要是靠带子上钉着的装饰牌子的质地重量和花纹。据《宋史·舆服志》记载，铐带"有玉、有金、有银、有犀，其下铜、铁、角、石、墨玉之类，各有等差。民庶及郡县吏伎术等人皆得服之"，"大抵贵者以金，贱者以银，富者尚侈，贫者尚俭"。这些牌饰有圆形、方形、椭圆形及鸡心形。根据《中国服饰史》一书："天子及皇太子用玉，大臣用金，亲王、勋旧间赐以玉，次则金镀银、犀（通天犀除外，犀又有上等与次等二种，以枯、件为区别）、银，其下则铜、铁、角、黑玉之类。按元丰官制，侍从官、给事中以上乃得服金带。又按故事，学士以上方得服金带。所以在宋代能束金带者颇以为荣，如既得金带而又得佩金鱼袋，则谓之日重金，那就更为显要了。"一般官员使用的铐带，分为金带、金涂银带、金束带、金涂银束带等。金带五种，分别为毬路、荔支（御仙花）、师蛮、海捷、宝藏；金涂银带十种，分别为天王、八仙、犀牛、宝瓶、荔支、师蛮、海捷、双鹿、行虎、窪面；金束带八种，分别为荔支、师蛮、犀牛、海捷、戏童、胡荽、凤子、宝相花；金涂银束带四种，分别为：犀牛、双鹿、野马、胡荽。合计二十七种

花纹。而同一种花纹又有不同重量即二十五两、二十两、十五两和十两的区别。

当然，就宋一朝，铐带使用的规则如同宋代其他的乱七八糟的制度一样，铐带的样式和使用范围变化非常大，除了专业的研究人员，恐怕大部分人很难搞明白哪一位皇帝时期铐带是什么模样。但是其实只要记住一个规则：质地越贵重，重量越沉的铐带，所代表的官职越大。

若是这样还分不清，那么还有一条最简单的。宋初，三品以上官服为紫色，五品以上为朱色，七品以上为绿色，九品以上为青色。宋神宗元丰年间后，就变成了四品以上官服为紫色，六品以上为朱色，九品以上为绿色。

总结一下，基本就是衣服看起来越紫越贵，头上的冠越华丽梁数越多，腰带看起来越华丽越重，那么这位大人的官职一定越高或者得到皇帝的宠信越多——于是，少女们，看中了哪个潜力股果断地去扑吧。反正宋代公务员的工资不低，总还是能养得起四体不勤五谷不分大部分时间不事生产，一生产起来总是很容易闯祸的穿越女主们的。

然而，在盛夏没有空调的日子里，穿着这么一层又一层还要挂着一大堆零七八碎的玩意上朝，简直和上刑没什么区别。据说曾经有人差点在上朝的时候被热死，一贯很人文关怀的宋代皇帝们，一度允许文武百官在三伏天轻装上阵不穿朝服朝见。

平民百姓家男子的衣服其实类别挺简单的。若是生于贫寒之家，那么日常的衣服主要就是粗布袄裤或者短褐。短褐又叫"筒袖襦"，材质基本是粗麻布，除了上下分离的短衣长裤。最常见的便装就是袍，因为长度可以到脚面，所以又叫长襦。稍有点钱的平民百姓会穿布袍，没有官位的文人穿白袍，而官员们则是穿锦袍。

宋代士大夫的衣着主要有深衣、紫衫、凉衫、毛衫、葛衫、襕衫、鹤氅等。比如毛衫、葛衫这种顾名思义用羊毛或葛麻制成的长衫。凉衫，男女皆可穿，简单来说就是穿在外面的宽大的外衣，因为衣服的颜色是白色看着让人觉得凉爽，所以叫凉衫。而且凉衫又有一个重要的社会功能，那就是作为吊丧时的穿着。在宋孝宗驾崩之后，群臣赴丧穿的即是凉衫皂带。紫衫本是戎装，短窄又前后开叉，便于运动更便于骑马。

《宋史·舆服志》记载："襕衫以白细布为之，圆领大袖，下施横襕为裳，腰间有襞积，进士、圆子生、州县生服之。"所谓"利市襕衫抛白纻，风流名纸写红笺"，白衣的学子考上功名之后第一件事情，就是换上一件襕衫。说白了襕衫就是细布做的圆领或交领的长衫，下摆有一个横襕。是燕居和告老的仕宦、低级的官吏常用的服装。襕衫的形制已经接近于官服了，所以有"品官绿袍，举子白襕"的说法。

如果襕衫不加腰间的横襕，那么就叫做直裰，是最常用的燕居服之一。直裰又叫直身，顾名思义，是一件直到脚面的长衣。而如果襕衫做得更为宽大随意披在身上，那么就是"鹤氅"。鹤氅，正如同它的名字，永远带着一份文人特有的优雅闲适味道。它本来是用仙鹤的羽毛或者其他鸟儿的羽毛捻线织成的外衣，大概也就是后来《红楼梦》里金雀裘那样的东西，后来逐渐发展成了宽大甚至将要拖地外衣。话说古代文人一直都特别喜欢鹤氅这款衣服，"公退之暇，披鹤氅，戴华阳巾，手执《周易》一卷，焚香默坐，消遣世虑"。这种穿着鹤氅拿着《周易》，焚上香泡壶茶的生活状态，就是文人们心中理想的退隐状态。要不怎么连陆放翁都要写诸如"薄晚悠然下草堂，纶巾鹤氅弄秋光"这样的诗句呢？

以李清照为榜样，从宋词看流行尖端——女装

宋代的女装，跟唐代相比，配色淡雅了许多，而且裹得比唐代严实了许多。跟唐代大红大紫大绿的配色不同，宋代流行清淡文雅的配色。一般上衣会是淡绿、粉紫、银灰一类浅浅的颜色，而下身的裙子是蓝绿、青碧、杏黄等较为艳丽的颜色。就像诗词里写的穿着"揉蓝衫子杏黄裙"的女子，会独自倚在栏杆上默默地用手指往嘴唇上擦胭脂。似乎宋词里的女子们总是这样闲适而优雅着，心中总是有无限的愁思，在添香、点绛唇或者斜倚熏笼时被诗人们惊鸿一瞥到。

总的来说，窄袖襦裙褙子都是正常的搭配。但是，就像流行永远如同更年期老妈的心思一样难以猜测，北宋时期也流行过大袖衫襦和肥大的裙裤，不过宽大的衣衫不过是一时的流行，终宋一代，依旧是窄瘦纤秀的衣服占据主流。

说起来，虽然宋代早已离我们远去了，但那一首首宋词却能让我们一瞥宋人的衣饰风情。那时女子的风貌，大约就是"春衫是柳黄"这般，穿着鲜嫩颜色的衫子"倚阑看处背斜阳"，笼着轻愁闲适着。衫是宋代最最普通的衣服样式，一般都是对襟开，圆领交领直领的都有。如同"鸳鸯绣字春衫好""两重心字罗衣"这样词句里写的，稍微有点钱的人家，衫子上都会绣上各种各

《瑶台步月图》　宋·陈清波　图中为穿褙子的贵妇

样的美丽图案。而制作衫子的，一般都是绫罗纱縑这般轻轻软软的料子。"衫轻不碍琼肤白"，甚至都可以透过衫子看到雪白的肌肤。那时在春日时节踏青，若是不小心遇到了不期的春雨，那便真是"风透春衫，雨透春衫"了，由此便可想到那些轻罗衫子是多么轻薄。

衫子里贴身的内衣有两种，一种叫抹胸，另一种叫裹肚。抹胸一般由丝绢制成，仅仅能遮住胸腹而露出后背。而裹肚一般很长，这玩意的长度，完全可以拿来做上吊绳。

襦，《说文》曰："襦，短衣也。"清钱绎《方言笺疏》引颜师古注称，"短衣曰襦，自膝以上，一曰短而施腰者襦"。简单来讲就是短袄子。对襟开，侧缝下摆开气，窄衣窄袖。富贵人家多是用锦罗做襦，自然在这些或紫或黄或青或白的罗襦上，多有着精致的刺绣。而平民家的女子不能用白色褐色的毛缎和淡褐色的匹帛做襦，单襦类似于衫，複襦类似于袄，所以才有

066 ▶▶▶

"千里袴襦添旧暖"。袄是有一层里子或者夹层的冬衣,又叫"旋袄",也是对襟开,侧缝下摆开气。襦跟袄的区别在于,襦有袖头,而袄一般是燕居(闲居)时候才能穿。

同样作为冬衣,袍是命妇所专有的,三品以上服紫,绣仙鹤芝草,三品以下服黄,花样没有限制。有词云:"那知暖袍挟锦,低帘笼烛。"

褙子可以算是我们最熟悉的宋代上衣了,这种外衣不论男女都可以穿着,多为对襟,没有扣子,直接用带子在身前打个结。宋程大昌《演繁露·背子·中禅》:"今人服公裳,必衷以背子。背子者,状如单襦袷袄,特其裾加长。直垂至足焉耳。其实古之中禅也,禅之字或为单,中单之制正如今人背子。"虽然褙子男女都穿,但是男子一般都把他当成燕居时候的便服或者礼服的内衬来穿。而姑娘夫人们,则是可以拿来作为常服和礼服穿的。

一般男装的"褙子"都是圆领的,而女装的褙子大多都是直领对襟的样式、褙子长袖的长衣,而且衣服的长度有越来越长,且长到与裙子平齐的趋势。朱熹老爷子有言:"背子本婢妾之服,以其行直主母之背,故名背子。"(《朱子语类》卷九一)也就是朱某人表示,褙子这种袖跟下开叉方便活动的衣服,是伺候人的妾侍婢女穿的。但从宋画来讲,主母穿褙子的情况也并不鲜见,故宫藏宋代《蕉荫击球图》就可以看到褙子典型的形制——要记住褙子前后襟的带子是垂着好看的,当然您要乐意系上也真的没啥关系。

宋代的裙子,有六幅、八幅和十二幅的,甚至有的裙子打了更多的褶子。比如1975年10月福建省博物馆清理的黄昇墓出土的一

《蕉荫击球图》 宋·佚名

件褶裙，除了侧面两幅不打褶之外，都细细地打了褶子。除了褶裙的流行，似乎那种如石榴一般艳红的石榴裙最为时髦，甚至会有人声称"榴花不似舞裙红"，而草绿的、水蓝的裙子，也都出现在了诗句里。裙子上一般都有精致的刺绣或者罨画，甚至会有人在裙子上装饰珍珠。"双蝶绣罗裙"在鲜艳的绫罗上绣上栩栩如生的蝴蝶，穿着这样裙子的少女不施朱粉，娇嫩得如同刚开放的野花，深深地迷住了偶然看到她的诗人。

话说有一事不得不提，就是从五代开始，就有舞女为了让舞蹈更加轻盈飘逸，姿态更加优美而缠足。到了宋代，缠足之风渐起。《鹤林玉露》里有一段逸事："靖康之乱，柔福帝姬随北狩。建炎四年，有女子诣阙，称为柔福，自房中潜归。诏遣老宫人视之，其貌良是，问以宫禁旧事，略能言仿佛，但以足长大疑之。女子颦蹙曰：'金人驱迫如牛羊，跣足行万里，宁复故态哉？'上恻然不疑其诈，即诏入宫，授福国长公主，下降（下嫁）高世荣。汪龙溪行制词云：'彭城方急，鲁元尝困于面驰；江左既兴，益寿宜充于禁脔。'资妆一万八千缗。绍兴十二年，显仁太后回銮，言柔福死于房中久矣，始知其诈。执付诏狱，乃一女巫也。尝遇一宫婢，谓之曰：'子貌甚

类柔福。'因告以宫禁事，教之为诈。遂伏诛。前后请给锡赉计四十七万九千缗。"一个公主的身份，唯一的疑点居然是脚的大小，可想而之当时贵族女子已经有了缠足的风气，虽然不是把脚缠成后世那种扭曲畸形的样子，而只是把脚缠得平直纤细，而且缠不缠足并没有什么硬性的规定，但就当时的情况看来，若是托生到了贵胄之家，就免不了受这两条裹脚布之苦了。

小娘子和大叔都爱戴花冠——发型头饰

若说古代有什么东西最吸引21世纪的妹子，十个人里恐怕有一半会为了那美轮美奂毫不掺假的首饰。那些金银珠玉经过捶打盘绕镶嵌而成的钗环步摇，无论对哪个时代哪个国家哪个民族的妹子，都是情有独钟的——亮闪闪的贵重金属和矿物，对她们的吸引力都是无穷的。而在中国古代，女子们头上的风景，更是拥有让人不能抵挡的华丽和耀眼。

话说宋代女子的首饰分为两种，一种是冠子，另一种是各种各样的首饰。

历来女性同胞们对于打扮的热情和对于购物的热情一样，足以让任何已知存在过的生物表示"我输了"，那么作为一人首脑之装饰的冠子，自然也会花样翻新极尽巧致之能事。

宋代女冠的样式包括白角冠、珠冠、团冠、高冠、花冠、垂肩、斠肩等。最开始女子的冠都是漆纱制成，上面用金银珠翠或者鲜花剪纸装饰，并没有什么统一的形制。到了仁宗年间出现了白角冠，白角冠上要插白角梳，梳子长的能有一尺，而冠最大的居然能跟两肩同宽。仁宗皇祐年间，仁宗为了肃清奢靡的风气，有如下诏书："皇祐元年十月，诏禁中外不得以角为冠梳，冠广不得过一尺，长不得过四寸，梳长不得过四寸。"但是即使是禁止，也挡不了群众们追求流行之心。既然不能太大，那就在材质上下工夫，什么象牙梳子金银的装饰，反正是什么华丽闪亮，

《娘子张氏图》 "冠梳"妇女

就把什么往冠子上插。比如珠冠就是用珍珠装饰冠子。当时娶老婆的时候，更要以珠翠特髻、珠翠团冠、四时冠花、珠翠排环等首饰作为聘礼。

花冠在宋代简直是超越了性别的流行装饰。不止女的爱戴，连男子也爱戴，所以如果您一睁眼看见一个仙风道骨拈着胡子的大叔头上戴着一顶精致的花冠朝您温文一笑，千万不要急着尖叫"东方不败啊——"，那可是宋代流行尖端的造型。花冠的材质有罗绢的，也有金银珠翠的，桃花、杏花、牡丹、芍药、菊花、梅花，都可以在花冠上看到。有的花冠更是将一年四季的代表花朵装饰到一起，称为"一年景"。如《宋仁宗后像》中侍女所戴即是一景。到了后来，花冠上已经不只全是花朵了。《武林旧事》载，上元夜"妇人皆戴珠翠、闹娥、玉梅、雪柳"。《续骫骳说》言道："又妇女首饰，至此一新，髻鬓参插如蛾、蝉、蜂、蝶、雪柳、玉梅、灯球，袅袅满头。"还有诗词赞云："闹蛾雪柳添妆束，烛龙火树争驰逐。"到了这

《宋仁宗皇后像图》　　　　　《砖刻厨娘图》拓片

些时候，鲜艳的丝帛彩纸扎成了栩栩如生的虫蝶花枝，娇俏地绽放在了节日狂欢中女子的发髻上，又成了别人眼里的风景。

《尘史》云："编竹而为团者，涂之以绿，浸变而以角为之，谓之团冠。"从白沙汉墓壁画中可以清楚地看到团冠的样式，而如果团冠把两边去掉然后加高，就是山口冠。《砖刻厨娘图》里厨娘带的既是这种冠子。如果有四角下垂到肩膀就叫"軃肩"。这已经是类似于命妇龙凤珠翠冠的礼冠了。

冠子下面就是发髻，梳好的发髻下面才会插上鲜花首饰。宋代是非常注重成人礼的。女孩子们的成年礼称为笄礼，就是把头发梳成发髻，作为成人的标志。根据《宋史·志第六十八礼十八嘉礼六》记载，宋代公主的笄礼分为三加三拜，三次分别加冠笄、加冠朵、加九翚四凤冠，礼毕接受皇帝训辞以及皇后嫔妃的恭贺。所以说，发髻对女子们的重要性不只在于美观，更在于发髻代表着一个女孩子已经是个成年人了。

那时候发髻的样式比现代女子们的发型还要丰富，上面插着各种各样精致的首饰或是新鲜的花朵，最简单的也要用一块布包上，然后扎出各种各样的造型，甚至在包住的发髻中间还要插上花钿钗簪。

那时的女孩子们都喜欢高高的发髻，这大概是那个奢靡温软的五代时期留下的印痕。若是自己的头发不足以完成那样的发型，就会用上假的发髻，即髲髢。还有嫌麻烦直接做好了假发髻到了需要的时候戴上。当时叫做"特髻冠子"或"假髻"，那时的都城都已经有了专门卖假发髻的店铺。

比如朝天髻就是很典型的高髻。晋祠圣母殿侍女中便有这样的发髻，把所有的头发梳到头顶，然后用金勒束好的两个长圆形的发髻，让发髻微微前倾，然后再向发髻上插上簪子花钿做装饰，因为这种发髻是支耸朝天的，故名朝天髻。据记载这种发型最开始是出现于后蜀末，那时"妇女竞治发为高髻号朝天髻"。这大概就是这种发型的来源。到了宋末，除了那种直直高耸的发髻，还有那种巍峨飘逸如仙女一样的发髻。比如在两宋时期一直很流行的多鬟髻，因为在传说中，这种发型是仙子们的梳妆方式，一般又叫做"仙人髻"。所以没有嫁人的小姑娘们都喜欢梳双鬟或者三鬟髻。所谓"盈盈双鬟女，身小未及床"，诗人们的聚会上，拿着牙板唱歌的小萝莉梳的就是双鬟髻。"学绾双鬟年纪小"，恐怕小女孩们学梳的第一个发髻，就是日常的双鬟髻。当然，鬟髻可以不止双鬟或者三鬟，如同诗中所说"晓镜新梳十二鬟"，十二鬟听起来夸张了一点，但其实也不是不可能的事情。传为李公麟绘的《维摩诘演教图》立轴，维摩诘的身边侍女的发型即为双鬟髻，鬟中有梁支撑，发髻上簪衔珠凤钗及花钿。

东坡先生有言："绀绾双蟠髻，云敧小偃巾。"诗里舞女的发型，就是高髻的一种，名叫双蟠髻，又叫龙蕊髻。它类似于扁的鬟髻，用彩色的丝织品束起来。再装饰上珠玉，简直就如同云中的仙女一般。

堕马髻这种发型可以一路追溯到汉朝，历久弥新。到了

宋朝依旧非常流行，词中言"绿窗初睡去起，堕马慵梳髻"云云，正如《宫乐图》中这般倾倒一侧的高髻，在插上发梳珠钗之后，更加慵懒迷人。

除了高髻，还有一种扁扁的发髻在北宋时期流行，比如盘福龙髻，这种发髻又大又扁，据说，梳着这种发髻可以直接躺下睡觉，所以又叫便眠觉，这大概应该属于居家时候的发型了吧。

急扎垂肩，或者叫垂髻也是宋代常用的发型，河南禹县白沙镇一号宋墓壁画的女主人和几名侍女所梳的都是这样的小垂髻，发辫下垂至肩，用帛带约束成型。头顶还可以梳上发髻戴上团冠。

若是小孩子的年纪还不足以梳发髻，那一般都会梳双丫、三丫髻，如苏汉臣《冬日戏婴图》中，小女孩就是用缀着珍珠的头须，也就是红罗发带把头发系成三个小丫髻，然后插上小花簪子，这就是一般情况下幼女的发型。除了丫髻，不到梳髻年纪的女孩，还会把头发盘成螺蛳一样的螺髻，或者叫螺鬟。所谓"双螺未学同心绾"——还没有学会同心髻的，自然还是很小很小的小女孩。

梳好了发髻，自然要往上插戴各种各样精美的钗环簪梳。考古发现的宋代首饰并不太多，我们大概只能从文人们笔下的片章段牍来遥想那些如云长发挽成的高髻上华美亮丽的发饰，耳边摇摇晃晃的明月珰，或者如玉皓臂上闪着光芒的钏镯。

钗大概是最被我们所熟知的发饰了。而说到钗，文艺青年们第一反应大概就是那个著名的词牌名《钗头凤》。所谓钗头凤就是凤钗顶端的那只凤凰。所谓"凤钗半脱云鬓，窗影烛光摇"，似

《冬日戏婴图》 宋·苏汉臣

《妃子浴儿图》 宋·佚名

乎在一头黑发盘成的各种各样高耸的发髻上探出来振翅欲飞的凤凰，是那时女子模糊而又不变的意象和最能拨动男性心底那一丝浪漫情怀的幻影。以至于我们频频在诗文里看到女子鬓上那一只钗头凤。凤钗只是各式各样钗中的一种，其他诸如折股钗、竹节钗、花头钗、螭虎钗等等，只有亲眼看到才能知道这些发间的装饰是多么轻巧美丽。

除了各种钗环、簪、梳篦，还有鲜花都是发髻间的常客。用珍珠宝石、金银翠羽制做成花朵鸾凤，组成一整套头面，是那时女子最常见的装饰。《东京梦华录》言："公主出降，又有宫嫔数十，皆真珠钗插，吊朵，玲珑簇罗头面。"可见那时发髻上的首饰，都是追求珍贵奇巧的。

化妆，大概是从古至今女性同胞们的必备技能之一，宋代的妆容比起唐代清浅了许多。以梅妆最为流行。传说梅妆是源于寿阳公主："宋武帝女寿阳公主人日卧于含章殿檐下，梅花落公主额上，成五出之花，拂之不去。皇后留之，看得几时。经三日，洗之乃落。宫女奇其异竞效之，今梅花妆是也。"

在脸上敷上粉，再在额头上画出梅花的形状，然后往乌

压压的鬓边簪上一朵梅花。这才是宋代完整的梅妆。

画眉自然是用黛，之所以"画眉学得远山翠"是因为黛是青色的，当然，流行这个东西是不断变化的，到了宋代，画眉已经开始用墨了，《骑觉寮杂记》云："宋代妇人多削去眉毛，以墨画之，盖古法也。"虽然刮去眉毛再用墨画上去是古法，但是黛这种化妆品恐怕那时候已经不太常用了，所以说，要是那时还顶着一双青色的眉毛上街的话，当真要被人嘲笑是祖奶奶时候的妆容了。

额头和眉毛都画好了，脸颊上的装饰也不能掉以轻心。从宋词里看来，那时女子的脸上都贴着花钿。花钿是用薄薄的金属片或者彩纸剪成的各种小巧的花朵动物，粘贴在脸颊上，显得更加妩媚。所谓"泪珠斜透花钿侧"，"明日重扶残醉，来寻陌上花钿"。闺阁内女子的伤心或者快乐，都被这些或粘在腮边被泪水浸透，或在欢乐时候不知不觉遗落在花间陌上的花钿见证了。

在我们今天看来，李清照和与她一样的宋朝词人们才是当时流行衣饰最有话语权的观察者和引导者，他们倡导的女子妩媚之美，绝对压过了浓艳派代表潘金莲，这才是当时的着装的主流啊！

贰

存 部

　　过了基本生活第一关，落在宋朝的孩子们可以考虑一下在哪里安家置业，从事什么营生，上哪里去找乐子，到哪儿去购物之类的问题了。宋朝最大的城市在哪里，都有些什么样的大街，街上有什么铺子，干什么最容易赚钱，奢侈品里最珍贵最让人趋之若鹜的是什么，对当时文人来说，最文雅最时髦的活动是什么……您面前展开的是当时世界上最富裕国家的繁华图卷，生活在国际大都市中，您这个21世纪的穿越者肯定还能为时尚添砖加瓦的。当然，您如果打算在宋朝终老，本篇中结婚离婚之类的生活问题也值得您关注。

　　当然，我们对这些在宋代的认识也不过仅止于宋人记载在书本上的种种，于当时之事不过是管中窥豹，只可见其一二。真相究竟如何，便只能待各位亲身体验之后才能知道了。

【城】

挑个国际大都市安家

穿到《清明上河图》中去——北宋开封城

一般学术界都公认北宋是古代文化发展的巅峰时期，作为大宋帝国的都城，开封有着宽阔整齐的街道，繁忙的商铺，以及精细的社会分工等等国际大都市要素。这座伟大城市的便捷、安全以及整洁程度，绝对不亚于现在任何一个号称安居城市的大城市。

北宋年间的开封城四河流贯，陆路四达，是当时全国水陆交通中心，据记载，当时人口有一百多万。与被人津津乐道的唐代相比，开封显然更加世俗化，商业化，也更加开放。在唐代，即使是作为都城的长安，每到黄昏，作为住宅区的坊也要锁上坊门，夜间的商业活动基本都停止了，但是开封城里，坊和市已经混杂到了一起，很难再区分出坊和市。而在大街上，通宵达旦营业的酒楼饭铺，更是比比皆是。《东京梦华录》里这样描述，

宣和间晚上营业的酒楼"飞桥栏槛,明暗相通,珠帘绣额,灯烛晃耀……大抵诸酒肆瓦市,不以风雨寒暑,白昼通夜,骈阗如此",有的酒楼居然高大到可以登上去俯视禁宫。当然,这样的事情很快就被禁止了。

宋代的开封城按照古代的礼俗,分为内外三重,即外城、内城和宫城。

其实作为帝国的都城,开封真正的地理条件可以说是历朝首都里最差劲的。周围无险可依,既没有长安城有黄河秦岭作为天然的防御工事,也不如洛阳城居于函谷关虎牢关之间,甚至不如金陵城有长江天险阻隔敌人。开封城居于黄淮平原北部,周围任何一个方向都没有一个可以作为阻挡的要塞,甚至连一个可靠的后勤基地都没有,当年孙膑围魏救赵的成功,就是得益于此地这样的地理形势。

宋帝国都城开封城的外城墙借用了后周都城的外城墙,周长五十里一百六十五步(一步大约是现在的1.4米),外城周围有一圈城壕曰护龙河。都城南边和西边都有三个门,北边有四个门,东边就两个门,共计十二门。中轴线御街连接外城正南门南薰门、里城正南门朱雀门和宫城正南门宣德门。宽二百步,两边有御廊,中心安朱漆杈子两行,行人只能在杈子之外行走。在宋代前期还允许商贩在御街旁边做点买卖,到了政和年间就被禁止了。御街上还有用砖石砌成的御沟水道,宣和年间,又在其中遍植荷花莲花,又在岸边种上了桃李梨杏之类的在春天会开出缤纷花朵的花树,又在其间种上各种各样会开花的植物作为装饰。《东京梦华录》有言,御街的风景之美丽,正是"春夏之间,望之如绣。"

宋

进了南薰门一路沿着御街过了朱雀门再往北就能看到宫城的正南门——宣德门。这段御街的两边就是各种中央直属的官署机构，比如像尚书省、御史台、开封府等都在御道以西。而到了宋代就必定要去围观的名胜古迹是大相国寺，也就在这段御街附近，汴河桥东北的方向上。

里城，也就是内城周长二十里一百五十五步，"唐建中初，节度使少勉筑，皇朝曰阙城"，是从唐代的汴州城修补增筑的，总共有十个门，南北各三门，东西各两门，还有两个角门丽景门和宜秋门。内城的城壕通过广济河与外城护龙河相通。在内城东北有一座人工假山大概诸位都听说过，就是《水浒传》中花石纲的终点——极尽巧妙之能事用太湖石堆积而成遍植四方花竹的艮岳。

内城里就是宫城，也就是皇城大内，是仿照唐代洛阳城在原本的宣武军节度使治所的基础上改建而成的，周长有五里，共六门，南侧有三门，正中为宣德门，旁有左右掖门，东为东华门，西为西华门，北为拱宸门。最近的考古发现表明宫城外面还有一道皇城的城墙，周长有九里。与宫城共用北城墙，与考古发现的辽中京布局相同，不过皇城到底有没有这个答案，恐怕除了期待未来的考古工作，就要靠诸位穿越人士了——穿过去不要忙着搞事业，记得写点书让儿孙传下去，而且要多写点群众们喜闻乐见的八卦来流传后世。

从御道中轴线一直向内延伸，其中心就是大内的正殿大庆殿。大庆殿属于前朝正殿，是大朝会、册尊号、飨明堂恭谢天地之类重大活动的场所，沿着中轴线过了宣佑门，就是崇政殿和垂拱殿。这里就是皇帝处理朝政的办公室以及寝宫。大概就类似于故宫的养心殿乾清宫一类。再往北就是迎阳门，过了迎阳门就是后苑了。以崇圣殿、太清楼为中心，后苑里亭台楼阁水榭廊桥遍布，又有鲜花杂树，端的是一副皇家内院的富贵气派。

虽然开封城里还是沿用唐代的里坊制，但是由于宋代的风气政策的区别，里坊还是不可避免逐渐与市集混杂到了一起。虽然在公元995年的至道元年，太宗赵光义发布了"改撰京城内外坊名八十余，分定布列，如有雍洛之制"，但是其实也是有名无实，根据《续资治通鉴长编》卷五十一，历史上最后一次试图恢复里坊制是在真宗咸平五年二月"乃诏开封府街司约远近置籍立表，令民自今无复侵占"。所以后来宋代开始设置"厢"，就是类似于现在按街道管理社区。当时把整个开封城分成了十七厢一百三十四坊。其中内城四厢四十六坊，外城四厢七十五坊，城外九厢十三坊。那时候的坊已经不再是用坊墙封闭的一个居住区，而变成了类似某某小区这样单纯的名称。

里坊在逐渐消失，那自然买卖货物的市，也随着消失了，但生意还是要做的，于是店铺便都开到了人流密集的地方，比如相国寺内，州桥南街，再比如东华门外——这也造成了皇城内皇帝的痛苦，半夜三更听见皇城外的叫卖声，皇帝们这些不知道从哪里遗传到的文艺细胞噌噌噌地开始分裂，于是便纷纷开始默默地空虚寂寞冷了。

如果说从地图文献上只能让我们一瞥北宋都城开封府的规模的话，从《清明上河图》却能看到那时市井的风貌。

《清明上河图》的作者张择端在徽宗时候供职于翰林画院，这幅画有五米多长，里面绘制了开封城一个角落的模样，总的来说，研究建筑史的、服饰史的、饮食史的、社会史的，都可以从这画里找到自己想要的东西。

画卷的卷首，绘制了汴梁城城外乡野明媚的春光。薄雾袅袅中，小桥流水人家，老树、茅舍、扁舟次第延伸开来。道边刚抽芽的柳树泛着新绿，大道上又有脚夫赶着驮炭的毛驴要去城里

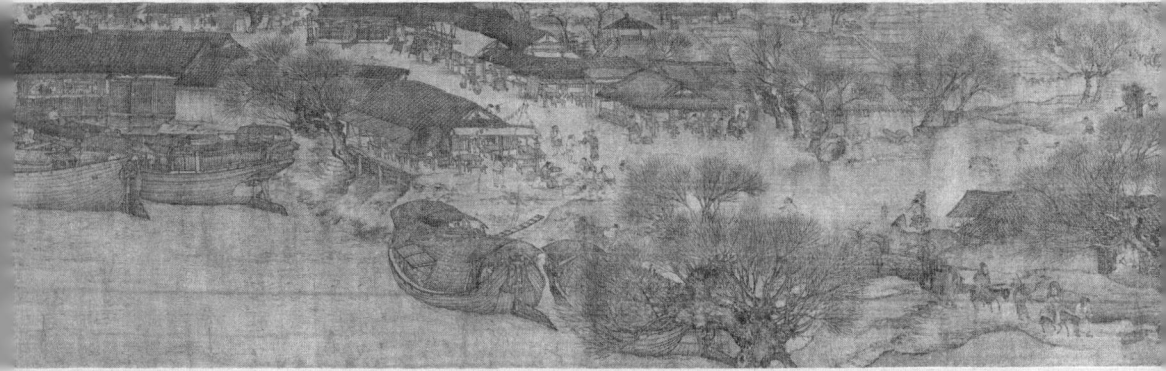

《清明上河图》 宋·张择端 北宋汴京(今河南开封)的都市生活万象

贩卖。树林掩映下的小院，碾子、羊圈、鸡笼、狗舍一应俱全。似乎从里面可以瞥到一点那时农人的生活——至少我们可以放心了，虽然宋代汴梁附近的农家不算富裕，但总算还是整齐干净。

路上还有坐轿的，骑马的，挑担的行人，都是一副生活安逸心满意足的样子。汴河是当时漕运的通路，所以汴河边的码头自然是人声鼎沸商家如云车水马龙熙熙攘攘。码头旁的街市有茶馆、饭铺、纸马店，路上还有算命的先生和挑担的买卖人招揽生意。运河上的船只来来往往，船上有船夫摇橹，岸边有纤夫拉纤、还有人忙忙碌碌，装卸货物。

沿着河面向前看，能看到一座高大的拱桥，有一艘大船正在从桥下穿过，上面的船夫手忙脚乱地或是落帆或是撑篙或是用长杆顶住桥洞，桥上还有人驻足围观高声评论。也不能怪那时候的人们稍稍有点游手好闲，这也要得益于当时福利的优良，那时候帝都的人们都有一个不太雅的外号，叫做"骄民"。若是在一无所知的情况下不小心掉到了北宋时候的开封城，现在四体不勤、五谷不分的孩子们一点都不用担心会被直接饿死。《武林旧事》的作者周密都在书里忍不住感叹道："都民素骄，非惟风俗所致，盖生长辇下，势使之然。"那时候遇上天灾有政府的救济，富豪之家又时时施粥，时不时还有恩赏钱，连下雪都有雪寒钱。"病者则有施药局，童幼不能自育者则有慈幼局，贫而无依者则有养济院，死而无殓者则有漏泽园。"怪不得老周在最后忍不住感慨一句："民生何其幸欤！"

过了巍峨的城楼，就到了城里的街市。两边的酒肆脚店、茶坊肉铺、庙宇商铺、当铺作坊，鳞次栉比。上到金银首饰珠宝香料绫罗绸缎，下到吃的喝的，外加看相算命医馆修面摊子，乃至早上的洗脸水都有贩卖，也难怪都城中人有时候家里连灶台都不开了。

大街上的男女老少摩肩接踵，忙忙碌碌的生意人、悠闲的市民士绅、匆匆赶路的官吏、叫卖的小贩、行脚的僧人，三教九流，士农工商，一应俱全。

让人来了就不想走的城市——南宋临安城

如果说北宋的都城失于稳固的话，那么南宋都城杭州城，也就是临安就是失于过于秀丽了。

南宋的临安城是用吴越的都城改建的。南宋一直偏安，皇帝们一直想要恢复祖宗基业，所以南宋都城的制度一直只停留在州府程度而不是首都。因此，南宋临安城是南北向类似腰鼓形的不规则的长方形，除了地形原因，恐怕还有意识上的忽视。

临安城地处西湖与钱塘江之间，始建于隋代，五代时期钱氏定为都城，几次扩建之后，周垣有七十里。西临西湖，东濒钱塘江，南过凤凰山，北到武林门。据说临安城的城墙壁"各高三丈余，横阔丈余"，城外有护城河。"旱门仅十有三，水门者五"，"城南门者一，曰嘉会……城东南门者七……城东门者三……城北门者三……城西门者四……"，"水门皆平屋"，旱门"皆造楼阁"。在这十八个水旱门中，除南门嘉会门为"诸门冠，盖此门为御道，遇南郊，五辂从此幸郊台路"外，还有东南候潮门，东面东青门，北面余杭门，西面钱塘门比较重要。说起来，临安城的御道跟开封不一样，它不是直的，御街以皇城和宁门为起点，向北经过朝天门。略向西折经过众安桥、观桥到万岁桥再略向西折，到新庄桥和中正桥，全长一万三千五百尺。和宁门以北御道两侧，聚集着大部分官署。比如三省六部和枢密院就在都亭驿桥西侧，御史台在清河坊之西，秘书省在天井巷之东，其他五寺三监六院都分布在坊巷之间，与民居混杂在一起。虽然临安城里建制不太规整，但是其繁华程度一点都不比汴梁城差。据说庆元间"巷陌爪札，欢门挂灯，南至龙山，北至北新桥，四十里灯光不绝"。

皇城亦称大内，坐南向北，位于城的南部凤凰山麓，依据山势分布宫殿园林亭台楼阁。大内有四门，以南门丽正门为正门，只有行郊祀大礼时才启用，因此北边的和宁门作为名义上的后门，其实却是主要的正门，东为东华门，西为西华门。丽正门内为大庆殿，即正殿，为正朔大朝会的场所。因为地势原因，皇宫用地非常紧张，所以南宋的时候有一件现在说起来非常好笑的事情：作为正殿的大庆殿若遇到如圣节上寿、进士唱名等等仪式，会改名成诸如文德、紫宸、集英、明堂等等相应的名称，从而达到一殿多用的效果。北为垂拱殿，为"常朝四参起居之地"。也就是说外朝的重要宫殿都处在皇城的南部，其次东宫处于皇城的东北方，而其他次要的宫殿，如延和、崇政、福宁、复古、缉熙、勤政、嘉明、射殿、选德、奉神诸殿，天章、宝瑞诸阁，以及皇太后坤宁殿、皇后和宁殿等都在皇城的北部。根据史料记载这些宫殿"皆金钉朱户，画栋雕甍，覆以铜瓦，镌镂龙凤飞骧之状，巍峨壮丽，光耀溢目"。金碧辉煌，美轮美奂。

南宋杭州的居民区仍保留了坊的名称，但是延续了开封府的"厢"制度。城内共有九厢，城外有四厢。据记载，杭州城"民居屋宇高森，接栋连檐，寸尺无空"。"城内外有百万人家"，"城内外不下数十万户，百十万口"。只能说即使到了南宋，宋王朝的人口和经济依旧还保持在了让人惊叹的程度。

临安城主干大街多与人工开凿的运河平行，也就是店铺都是前面是街，后面是河。整个临安城里"客贩往来，旁午于道，曾无虚日"，如同当年在开封一样"买卖昼夜不绝"，似乎南迁并没有消磨宋人对生活的热情。纵贯全城的

大街亦称天街，是全城商业最繁华的地区。和宁门权子外"早市买卖，市井最盛"，而且居然能直供大内。

　　除了酒楼饭铺，瓦舍勾栏也繁荣得很。所谓瓦舍，就是"来时瓦合，去时瓦解"的意思。当时南宋城内的瓦舍有近二十家，比较有名的大概就是清冷桥西熙春楼下的南瓦子，市南坊北三元楼前的中瓦子，市西坊内三桥巷的大瓦子，众安桥南羊棚楼前的北瓦子以及盐桥下蒲桥东的东瓦子。瓦舍有点类似于现在的综合性剧场或者后代的天桥，里面有唱杂剧的，说书的，表演相扑杂技傀儡戏的，说经小唱说诨话的等等。在瓦舍里自然开了各种正店脚店，还有妓女"聚于主廊，以待酒客呼唤"。比起现在来，那时候的夜生活毫不逊色。虽然不太建议穿越的各位做些倡优之流的营生，但若是做到李师师一般的水准，把皇帝迷得五迷三道的，也不枉穿越一场了。

　　到杭州就不得不说说园林。临安城本就是依山随水而建，大内占据凤凰山麓俯瞰整个都城，各个官署蜿蜒而下。西湖居于城西，"湖山之景，四时无穷，虽有画工，莫能摹焉"。西湖周围临安城内外，私人园林不下十数。生活之悠闲精致，不言而喻。

【政】

要进大宋的官场不容易

让我们羡慕嫉妒恨的北宋公务员——职官制度

话说好不容易没头没脑地跑到了一千年以前来，老老实实地走种田路线总是觉得有点亏得慌，走宫斗路线又觉得对不起咱从一千年后带来的先进知识文化，于是走官场路线成了很大一部分群众的选择。没准一不小心还能让历史拐个弯，再搞出一个横跨欧亚大陆的大帝国也不是不可能的事情。所谓机会总是留给有准备的人，若是一点相关背景都不清楚就一头扎进官场，那诸位同仁便只能默默合十遥祝您平安归来了。

历史学家总是说，清代是高度的中央集权的时代，其实中央集权在宋代已经开始逐渐加强了。总的来说，宋代的职官制度可以用下面这段话来概括："宋承唐制，抑又甚焉。三师、三公不常置，宰相不专任三省长官，尚书、门下并列于外，又别置中书禁中，是为政事堂，与枢密对掌大政。天下财

宋尚书左丞王荘定公

王存　北宋大臣
曾任尚书右、左丞，吏部尚书等

宋右僕射赠司空魏国苏公

苏颂　北宋大臣
曾任刑部尚书、吏部尚书等

赋，内庭诸司，中外管库，悉隶三司。……台、省、寺、监，官无定员，无专职，悉皆出入分莅庶务。故三省、六曹、二十四司，类以他官主判，虽有正官，非别敕不治本司事，事之所寄，十亡二三。故中书令、侍中、尚书令不预朝政，侍郎、给事不领省职，谏议无言责，起居不记注。中书常阙舍人，门下罕除常侍，司谏、正言非特旨供职亦不任谏诤。至于仆射、尚书、丞、郎、员外，居其官不知其职者，十常八九。"

接着就待我一一说来。

宋朝朝廷最为中枢的机构为中书省和枢密院，即二府制。之所以要设二府制，是为了将文官武将的权力分开，就是所谓"对持文武二柄，号为二府"。

"中书"是继承了唐代"中书门下"的制度，是宰相办公之处。而尚书省和门下省虽然依旧存在于宋代的制度当中，但是已经不再是直隶于宰相的机构了。宋代初期，宰相跟唐代后期一样，都是"同中书门下平章事"，即"同平章事"，而副相为"参知政事"。也就是说，不管您是太师还是太保，是尚书丞还是中书侍郎。只要皇帝看您顺眼，加上上面那两个官名您就是实际意义上的宰相或者副相了。

当然，这个官名不是一成不变的。在元丰改制的时候，改成以"尚书左仆射兼门下侍郎行侍中事"为首相，以"尚书右仆射兼中书侍郎行中书令事"为次相。门下侍郎、中书侍郎和尚书左、右丞为副相。宋徽宗还一度出了幺蛾子把首相改为太宰，次相为少宰。到了南宋初年，便以尚书左、右仆射同中书门下平章事为宰相，门下侍郎。中书侍郎并改为参知政事为副相。然后到了孝宗，又折腾了一通，把尚书左、右仆射同中书门下平章事改为左、右丞相。不过总的来说，就是换汤不换药，干的还是那些事儿，就是把挂在脑袋上的名头换了个称呼而已。

当然，除了这些常制，万一遇到了类似蔡京一样的搞出个"太师总领三省事"之类的玩意儿，那只能摊摊手道一声"权臣当道，社稷堪忧"了。

枢密院是宋代专管军事的机构，也是继承了唐五代以来的传统，不过当代的枢密使基本都是太监，而五代时期才把枢密院改为专管军事的职能。宋代的宰相主管文事，而枢密使掌管武事，二府文武分权。说白了枢密院就是把兵部的掌武权专门拿了出来，通常让文人掌管正职，用武官掌管副职。热爱武事的同志们，可以立志向枢密院长官这样的职位努力一下。

宋朝枢密院长官自称"本兵"。宋初的官称是枢密使和枢密副使，若是职事官，那就是知枢密院事、同知枢密院事、签书和同签书枢密院事。元丰改制之后就简单的只剩下知枢密院事、同知枢密院事等等了。

宋朝初年，宰相和枢密使绝无兼任的情况，后来跟西夏互掐，因宰相和枢密使不和，对西夏的用兵从根子上埋下了隐患。因此在庆历年间有过兼任的情况，且在战事结束后立刻又恢复了分权的状况。即使到了南宋，诸如蔡京、贾似道一类的兼任都属于特殊情况，总体上来说，这种分权是为了

防止权臣出现，但导致皇权的式微。

宋朝初期六部混乱得一塌糊涂。兵部的很多职能被枢密院划走了；礼部的活儿被礼仪院抢了不少；刑部同级的还有个审刑院，审官东院管文选，审官西院管武选，于是吏部和兵部很大一部分工作被分走了。三司使把户部尚书和户部侍郎该干的都干完了，而且还比尚书啥的官大，作为"计相"，地位仅仅在二府之下……好在到了元丰年间，六部全部按照《大唐六典》重新恢复到了唐代前期的编制，除枢密院外，其他各个机构一律废除。

虽然六部非常混乱，宋代的御史台一直沿袭了唐代的制度，分为三院，分别为台院、殿院、察院。以御史中丞为台长。宋朝有个习惯，那就是如果御史中丞弹劾宰相，那么宰相必须辞职，并由副宰相升任为宰相，而弹劾成功的御史中丞则会转职成了执政，也就是枢密院的头头。之所以有这个习惯，是为了避免宰相和台长勾结，控制御史台打击政敌。

宋代的时候，一般都不置侍中和中书令，门下传郎、中书侍郎又为宰执，也就是二府的头领，所以给事中和中书舍人就成了门下省和中书省的实际负责人。给事中执行门下省的封驳权，中书舍人可以封还皇帝任命官吏所下的"词头"。因此两者虽然品位不过是正四品，但实际权力依旧很大。

宋朝军事由四个部门分管：枢密院负责军令、调动和高级军官的任免；"三衙"统率禁军；兵部负责后勤事务和管理地方的厢军；吏部负责武官铨选（元丰改制前由审官西院分管）。

枢密院的职责上面已经有过叙述。"三衙"是统率禁军的三个机构，即侍卫亲军殿前司、侍卫亲军马军司和侍卫亲军步军司。殿前司的长官叫都点检，马军司和步军司的长官叫做都指挥使。往下排，官名有都虞候、都总管、总管、副总管（英宗之前叫部署）等等。当然，不用担心手无缚鸡之力就不能做掌管兵马的官员，宋代执掌军事的正印官，一律由文官兼任。

说起来在宋代招兵买马其实挺有意思的，用的是募兵制，而且经常从流亡的饥民中招募士兵，即是"天下犷悍失职之徒，皆为良民之卫"，而为了拱卫周围缺乏屏障的开封城，禁军从地方军中选拔出强壮有力弓马娴熟的士兵进行整编，而且由于当时的士兵属于终身职业，所以禁军数量相当庞大，《水浒传》里说，徽宗时期有"八十万禁军"，但其实到了仁宗庆历年间，禁军数量就已经达到一百二十五万。

所以说，虽然宋代一贯重文轻武，而且"兵不知将，将不知兵"，但是想想手底下名义上会有上百万的兵马，听起来也蛮拉风的。

厢军的长官也叫都指挥使。但是厢军的兵员都是在强干弱枝政策下挑剩下的老弱，战斗力极为低下。别说是打仗了，恐怕维持治安都很费劲。

到了南宋时期，收回张俊、岳飞、韩世忠的兵权之后，无论禁军、厢军都挂了"御前"的名号，统一把将领的职位名改成都统制、统制、副统制和统领了。

若是不爱掺和京官乱七八糟的关系，下放到地方做地方官也不错。宋代的地方行政区划很简单，最大的为"路"，其次为府、州、军、监，最下为县。

"路"一级的机构和职官，有如下几个机构，这些机构互不统辖，且没有官员总揽"路"各类机构。所以说"路"应该只能算是监察的区划，而不是正式的行政区划。

漕司，即转运司，长官称转运使，负责一路的财赋和监察；

宪司，即提点刑狱司，长官称提点刑狱公事，负责一路刑狱，亦负责监察；

仓司，即提举常平司，长官称提举常平公事负责一路的仓储，亦负责监察；

帅司，即安抚司或者叫经略安抚司，长官为安抚使。安

抚使需要兼任禁军在这个地区的马步军都总管等军事职官，同时兼任某州、某府的地方官知州或知府。因此，安抚使下设有管军的幕职官和管地方事务的曹掾官。由于安抚使的权限较宽，为防止安抚使拥权自重或者危害地方的情况发生，所以安抚使要受路一级监司的监察，同时要受到下属的"走马承受"的监视。

府州一级的官员虽然在地方为官，但是他们的官职仍在中央官吏体系中，只是在头衔上加上"知某某事"或者"判某某事"。知州按例需要兼任厢军正印职。当然，为了防止知州权力过大，每州设'通判'一人。州一级发出文件，必须通判签署，才能生效。

县一级的官吏，主要有知县、县丞、主簿和县尉。基本也都是中央下放差遣的，但是没有兼任军职的需要了。

有了理想，还要有饭吃，若是连肚子都填不饱，当官还不如回家去种田。众所周知，宋代官员的待遇非常好，但他们的俸禄发得非常非常乱，基本处于干活的发钱，不干活的也发钱的状态。而且除了工资，也就是正俸之外，还会发服装费、茶水费、取暖费、车马费、随从的工资等等，还有添支、职钱、公使钱及恩赏之类。总之，工资待遇着实不低。

宋代官员休假日和退休年限基本跟唐代差不太多，但是比以前假日更多也更人性化了。比如大臣父母、祖父母的忌日，也有一天的休假。而且退休官员的待遇也非常好，宋真宗时设置"宫观官"这样的闲职，很大程度上就是为了优待致仕官员。宋代，还一度准许官员带职致仕并领取全俸。这样的好福利，纵观世界古代史与近代史，乃至到了当代，跟欧洲那些高福利的地方比起来，也丝毫没有逊色。

说了这么多，得出了这样一个结论：到了宋代，当官是养家

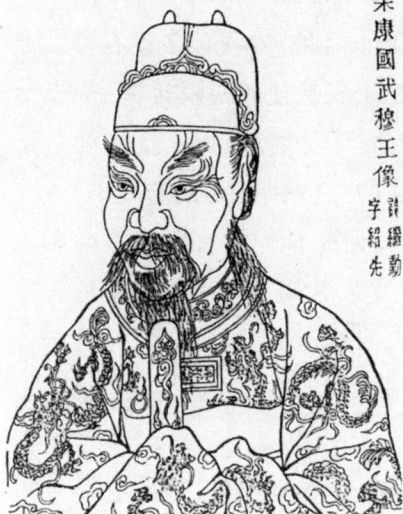

高继勋　北宋将领
曾任太尉、太师尚书令兼中书令等

焦千之　北宋大臣
曾任国子监直讲，大理寺丞等

糊口的好职业。但是怎么当上这个官，却是横亘在诸多人生地不熟的穿越众面前的一大难题。

所谓条条大路通长安，最大的通途当然是科举。在隋唐之后，大部分普通人走上仕途都是靠这条道路。不过对于大部分现代人来说，这几乎是不可能的事情，别说是写花团锦簇的文章了，现代人能把平仄弄明白了，把《周易》《论语》《孟子》背熟了，都已经能算是相当了不起的文化人了。所以，科举之外的那条小道，绝对需要引起群众们的重视。

如果您有幸是某位高级官员的直系子孙、旁系子孙或者是受到他欣赏的异姓或者门客，都可能得到荫补的机会。所谓高级官员指文臣自太师至开府仪同三司，武臣自枢密使至观察使、通侍大夫。宰相、执政则可荫"本宗、异姓、门客、医人各一人"。一般官吏可荫及子孙，高级官吏致仕时候的荫补"曾任宰相及现任三少、使相者，（荫）三人"，曾任尚书、侍郎等官以上也可荫一人。遗表荫补，"曾任宰相及见任三少、使相"，可多至五

人。除了在这位官员在致仕或者上遗表时候的推荐外，还有机会是遇到郊祀之年，也很可能得到步入仕途的机会。因为皇上在三年一次的"郊祀"结束后，往往会突击提拔一大批"干部"子女做官的。

　　若是您没有机会认识高级官员，其实还有一条路留给您，那就是制举。制举又称制科，又习惯被称为大科或贤良。这种方式并不经常有，需要皇帝下诏才举行，而且具体的科目和时间都是不定的。最开始应试的人没有什么限制，而且不限于有人推荐，自荐也是可以的，到了后来就改成需要公卿来举荐了。布衣应试要经过地方官审查，据说过五关斩六将之后到了御试会更为严格，要当场当日完成一道三千字以上的试策。而考试之后制举的第三等（上二等向来不授人）就相当于进士科第一名。若是当官的人制举成绩优秀，都可以升职拔擢。想要来一个一鸣惊人的或者搞一个青山松柏永不相负的君臣佳话的同志们，制举是您们通向胜利的通途！

　　当了官之后，怎么升官就成了一大值得商榷的问题。总的来说，宋代官员的升任还是有迹可循的，除了皇帝的欣赏，按部就班兢兢业业地干活也能够得到升迁的机会。这就是磨勘，所谓磨勘，解释起来很简单："复核曰磨，检点曰勘。"所有官员在任职一定时期之后，都可以申请叙迁。如果经过磨勘司审核，这位官员的资历与叙迁的规定相符，那么不需要视其在职务上有何特殊表现，都可以逐步上升。

　　等到年纪大了，中央的高级官员还可以申请到地方去出任知州，名为"请郡"。其实说白了就是出京去休养。

　　综观这种种福利待遇，简直让现在疲于奔命的小老百姓们生出各种羡慕嫉妒恨的情绪，所以也无怪那时的人们削尖了脑袋

宋

想要去中举做官。范进这样的人和事，也是可以理解的了。

附　宋代官品列表：

正一品：
职官：太师、太傅、太保，左/右丞相，少师、少傅、少保
爵：王

从一品：
职官：枢密使、太子太师、太子太傅、太子太保
文散官：开府仪同三司
武散官：骠骑大将军
爵：嗣王、郡王、国公

正二品：
职官：知枢密院事、参知政事、同知枢密院事，太尉
文散官：特进
武散官：辅国大将军、镇国大将军
爵：开国郡公
勋：上柱国

从二品：
职官：签书枢密院事、观文殿大学士、太子少师、太子少傅、太子少保、御史大夫、六部尚书、左右金吾卫/左右卫上将军、冀/兖/青/徐/扬/荆/豫/梁/雍州牧、殿前都指挥使、节度使
爵：开国县公
勋：柱国

正三品：
职官：观文殿学士、翰林/资政/保和殿大学士、翰林学士承旨、翰林学士、资政/保和端明殿学士、龙图/天章/宝文/显谟/徽猷/敷文阁学士、枢密直学士、左右散骑常侍、权六曹尚书
文散官：金紫光禄大夫
武散官：冠军大将军、怀化大将军
勋：上护军

从三品：
职官：龙图/天章/宝文/显谟/徽猷/敷文阁直学士、御史中丞、开封尹、尚书列曹侍郎、诸卫上将军、太子宾客/詹事

文散官：银青光禄大夫

武散官：云麾将军、归德将军

爵：开国侯

勋：护军

正四品：

职官：给事中、中书舍人、太常/宗正卿、秘书监、诸卫大将军、殿前副都指挥使、承宣使

文散官：正奉大夫、中奉大夫

武散官：忠武将军、壮武将军

爵：开国伯

勋：上轻车都尉

从四品：

职官：保和殿/龙图/天章/宝文/显谟/徽猷/敷文阁侍制、左右谏议大夫、权六曹侍郎、国子祭酒、少府/将作监、诸卫将军

文散官：太中大夫、中大夫

武散官：宣威将军、明威将军

勋：轻车都尉

正五品：

职官：马/步军都指挥使、副都指挥使、观察使、通侍/正侍/宣正/履正/协忠/中侍大夫

文散官：中散大夫、朝奉大夫

武散官：定远将军、宁远将军

爵：开国子

勋：上骑都尉

从五品：

职官：太常/宗正少卿、秘书少监、内客省使、延福宫使、景福殿使、枢密都承旨、中亮/中卫/翊卫/亲卫大夫、殿前马/步军都虞候、防御使、捧日/天武/龙神卫四厢都指挥使、团练使、诸州刺史、驸马都尉

文散官：朝散大夫、朝请大夫

武散官：游骑将军、游击将军

爵：开国男

勋：骑都尉

正六品：

职官：集英殿修撰、左右司郎中、国子司业、军器监、都水使者、内侍省都知/副都知、宣庆/宣政/昭宣使、拱卫/左武/右武大夫、内侍省押班、枢密承旨/副承旨

文散官：朝奉郎、承直郎

武散官：昭武校尉、昭武副尉

勋：骁骑尉

从六品：

职官：起居郎、起居舍人、侍御史、左右司员外郎、右文殿/秘阁修撰、开封少尹、开封府判官/推官、少府/将作/军器少监、和安/成和/成安大夫、陵台令

文散官：奉直郎、通直郎

武散官：振威校尉、振威副尉

勋：飞骑尉

正七品：

职官：殿中侍御史、左右司谏、侍讲、直龙图/天章/宝文阁、枢密副承旨、武功至武翼大夫、成全/平和/保安大夫、翰林良医、赤县令

文散官：朝请郎、宣德郎

武散官：致果校尉、致果副尉

勋：云骑尉

从七品：

职官：左右正言、符宝郎、监察御史、直显谟/徽猷/敷文阁、太常/宗正/秘书丞、大理正、著作郎、崇政殿说书、内符宝郎、正侍至右武郎、武功至武翼郎、和安至保安郎、翰林医官、合门宣赞舍人、判太医局令、翰林医效/医痊

文散官：朝散郎、宣奉郎

武散官：翊麾校尉、翊麾副尉

勋：武骑尉

正八品：

职官：秘书郎、太常博士、枢密院计议官/编修官、敕令所删定官、直秘阁、著作佐郎、国子监丞、国子博士、大理司直/评事、训武/修武郎、内常侍、京府判官、京畿县令、赤县丞、太史局五官正、中书/门下省录事、尚书省都事

文散官：给事郎、承事郎

武散官：宣节校尉、宣节副尉

从八品：

职官：少府/将作/军器/都水监丞、秘书省校书郎/正字、太常寺奉礼郎/太祝、太学/武学/律学博士、主管太医局、合门祗候、东/西头供奉官、从义/秉义郎、节度掌书记、观察支使、承直/儒林/文林/从事/从政/修职郎、京畿县丞、诸州县令/丞、赤县尉、防御/团练副使、太史局丞/直长、灵台郎/保章正、翰林医愈/医证/医诊/医候、守阙主事/令史/书令史

文散官：承奉郎、承务郎

武散官：御武校尉、御武副尉

正九品：

职官：殿头高品、郊社/籍田/太官令、国子太学正/录、武学谕、律学正、太医局丞、忠训/忠翊/成忠/保义郎、挈壶正、京畿县尉、诸州别驾/长史/司马、枢密院守阙书令史

文散官：儒林郎、登仕郎

武散官：仁勇校尉、仁勇副尉

从九品：

职官：高班、黄门内品、承节/承信/迪功郎、诸州县尉、城砦/马监主簿、诸州司士/文学/助教、翰林医学

文散官：文林郎、将仕郎

武散官：陪戎校尉、陪戎副尉

【娱】

您能跟上大宋全民娱乐时代的步伐吗

讲究生活品质的宋人喝什么——茶

若是要提名文化最为繁盛的时期，宋代绝对可以列入前三甲。在宋代，品茶已经是一个人一天必行的公事了。虽然不能亲眼看到斗茶的场面，但那时候文人们的笔墨给我们留下了无数生动的场景。

宋代是极其讲究生活品质的时代，特别是贵族士大夫们，对于生活情趣的追求，是吾等俗人远远不能想象的。比起唐代痛饮狂歌的生活态度，宋代的士人更喜欢饮茶。葛兆光先生曾经有一个非常经典的点评："唐代与宋代文人士大夫一热一冷、一粗一细、一动一静、一尚武任侠一修文主静。"

在这个精致的时代，从皇帝到普通的士人，无不嗜茶爱茶。比如那个风雅到了极致结果彻底杯具了的宋徽宗赵佶就写过《大观茶论》。上有所好下必从之，宋代关于茶和茶道的书籍诗歌，虽不能说是浩如烟海，但也能称得上比比

《饮茶图》 宋·佚名
画风承唐代周昉，旧题南唐周文矩，然观其时代气息，应为宋人所作

皆是了。

宋人制茶和饮茶的方式与现代人迥然不同。宋茶分为散茶和片茶两种。"唐造茶与今不同。今采茶者得芽，即蒸熟焙干，唐则旋摘旋炒。"焙干后，即成散茶。片茶就是饼茶或者叫团茶，制作方法放到现在看来简直是匪夷所思外加暴殄天物，先是将蒸熟的茶叶榨去水分，碾磨成粉末，然后放入茶模内压制成形。然而正是这种现在看起来非常糟践东西的制茶方法做出来的团茶，在宋代才是茶中的上品。

团茶中最好的茶产自福建路的建州和南剑州，"既蒸而研，编竹为格，置焙室中，最为精洁，他处不能造。有龙、凤、石乳、白乳之类十二等，以充岁贡及邦国之用"。而江南西路和荆湖南路、北路的一些府、州、军所出产的"仙芝、玉津、先春、绿芽之

宋

类二十六等"也算是上品。散茶基本都出产于淮南、江南、荆湖一带，龙溪、雨前、雨后等等都是其中上品。四川一带也产茶，但是总体上来说品质就不如南方了，"蜀茶之细者，其品视南方已下，惟广汉之赵坡、合州之水南、峨眉之白牙、雅安之蒙顶，士人亦珍之"。

宋代的好茶，名字起得都非常好听。比如宋代最著名的贡茶，名为龙凤茶，产于福建建溪流域。《大观茶论》载："本朝之兴，岁修建溪之贡，龙团凤饼，名冠天下。"所谓"样标龙凤号题新，赐得还因作近臣"。这种茶是贡茶，诗人还是因为身为天子近臣，才有幸品尝到"圆如三秋皓月轮"的团茶。

鸠坑茶从唐代开始就是闻名遐迩的贡茶，陆羽《茶经》中即载有"睦州茶产于桐庐山谷中"，也就是现在的浙江省淳安县。范仲淹很是喜欢鸠坑茶，"潇洒桐庐郡，春山半是茶。轻雷何好事，惊起雨前芽。"说的便是这鸠坑茶。

其他还有什么七宝茶、双井茶、宝云茶、日注茶、卧龙山茶、蒙山紫笋茶、峨眉雪芽茶等等，都见于宋人诗文。

总的来说，宋代的贡茶虽然品种非常多，但是一直都是以建溪茶北苑茶为贵。而且从诗词中来看，宋代的皇帝们非常喜欢赐贡茶给亲近的臣子。所以也不怪在宋诗中常看到"赐得还因作近臣""特旨留丹禁，殊恩赐近臣""啜之始觉君恩重，休作寻常一等夸"云云的谢恩诗了。

到了宋代，唐代那种把茶当做汤来煎，动辄什么香料生姜就往里放的方法早就被摒弃了。苏胖子吐槽说："唐人煎茶用姜"，"又有用盐者矣。近世有用此二物者，辄大笑之。"唐人的方法被摒弃了，自然是因为这时候泡茶的方法已经跟前代截然不同了。

提到宋代喝茶的方法不能不说斗茶。斗茶出现于唐代，而盛行于宋代。茶是从茶宴发展而来的风俗。自湖州紫笋茶和常州阳羡茶被列为贡茶之后，湖州刺史和常州刺史每年早春都要在两州毗邻的顾渚山境会亭举办盛大茶宴，邀

《斗茶图》 宋·刘松年

请士人名流品尝鉴定茶叶的质量，"紫笋齐尝各斗新"，这就是茶宴斗茶的源头。而宋代斗茶茶宴的盛行，一方面得益于宋代制茶技术的发展，另一方面主要是由于贡茶制度。由于宋代的皇帝们爱茶，所以地方的官吏权贵自然会争先献上好茶来拍帝王的马屁。所谓文无第一武无第二，千方百计找来的贡茶自然要分一分高下。斗茶盛行也就情有可原了。老范大人的《和章岷从事斗茶歌》中"北苑将期献天子，林下雄豪先斗美"说的就是到了每年北苑新茶上供天子之前，便先要斗上一斗，来看一看谁的茶品质更好，味道更美。苏大胡子也感叹"君不见武夷溪边粟粒芽，前丁后蔡相笼加。争新买宠各出意，今年斗品充官茶。"本来斗茶只是在出产贡茶的地方盛行，后来一路普及到了民间。民间的斗茶和官方的比，火药味少了不少。《斗茶记》言道："政和二年

（1112）三月壬戌，二三君子相与斗茶于寄傲斋。予为取龙塘水烹之，而第其品。以某为上，某次之。"这里记叙的是三五好友相约，各自取出自家所藏的好茶，泡来品尝的活动。这时候，胜负已经不那么重要了，所谓斗茶也就成了文人们联系感情或者聚会时候的调剂。

斗茶，又称点茶、斗试。其过程比现代所谓的茶道有技术性多了。那时候喝茶，乃是茶末与茶汤同饮，饮后不留余滓。所谓斗茶，包括斗形、斗香、斗味、斗色。然而评判茶的优劣是仁者见仁智者见智，所以一般斗茶都是以斗色为主，以茶花白且长久不散为佳。

斗茶一般都在清明节期间新茶刚刚采摘的时候进行，茶既然以新为贵，斗茶的水自然也要跟上，以"活"为好。

因为宋代的茶都是团茶，所以泡茶的方式有点类似于泡咖啡，要先烤制碾碎。即拿到新制作好的团茶之后，首先必须用小小的微火将茶饼炙干，然后再用茶碾子把茶饼细细碾磨成粉末，再用绢罗筛过，使得制成的茶粉越细越好。

接就下来就要"候汤"。就是等待水适当煮沸，水的沸滚程度是点茶成败的关键。"候汤最难，未熟则沫浮，过熟则茶沉。"只有恰到好处的水，才能冲泡出色味俱佳的茶汤。早在唐代，陆羽就已经不厌其烦地描述了最适合烹茶的"三沸水"：一沸，"沸如鱼目，微微有声"；二沸，"边缘如涌泉连珠"；三沸，"腾波鼓浪"。水到了三沸之时就要适时开始煮茶了，因为再沸腾下去则"水老，不可食也"。宋代对水的要求更为严格。比如《鹤林玉露·茶瓶汤侯》有云："瀹茶之法，汤欲嫩而不欲老，盖汤嫩则茶味甘，老则过苦矣。"所以他认为水沸腾之后要把烧水的汤瓶从火上拿开，等水不再沸腾了，这才是点茶合适的温度。作者罗大经认为，这样泡出来的茶汤才是"汤适中而茶味甘"。

"贵从活火发新泉。"泡茶不止需要水的鲜活，连煮水的炭火都有要求。《采茶录》言："茶须缓火炙，活火煎。活火谓炭火之有焰者。当使汤无妄沸，庶可养茶。始则鱼目散

布，微微有声。中则四边泉涌，累累连珠。终由腾波鼓浪，水气全消，谓之老汤。三沸之法，非活火不能成也。"火除了要活火，炭上还不能有油污脏物，更不能用木柴一类的做燃料，以免火力不好控制或者燃料有异味，污染了正在烹煮的新水。

　　水烧开了并不代表就可以泡茶。茶具在使用之前要先"熁盏"，即是用沸水烫洗茶具。烫洗茶杯是为了让茶具的温度上升，"冷则茶不浮"。斗茶的茶碗，以黑釉为最佳。之所以用黑釉，是有原因的。《茶录》言："茶色白，宜黑盏。建安所造者绀黑，纹如兔毫，其坯微厚，最为要用。出他处者，火薄或色紫，皆不及也。其青白盏，斗试家之不用。"宋徽宗那一句话基本就给用什么碗一锤定音了，"盏以青绿为贵，兔毫为上"。宋代当时基本所有的窑口都烧制黑釉的茶盏，并以建窑的黑釉盏最为出色，其种类按照釉面的发色窑变可以分成兔毫盏、油滴釉（鹧鸪斑）、曜

《西园雅集图》　宋·马远

变釉、结晶冰花纹釉、芝麻花釉、龟裂纹釉、酱褐釉等等。"老龙团，真凤髓，点将来兔毫盏里""蟹眼煎成声未老，兔毛倾看色尤宜"。好茶要点到好盏里才能显出茶汤的莹白。

　　水煮好了，杯盏也洗好了，接下来就到了正式点茶的步骤了。点茶的第一步，就将茶粉用适量的沸水调成膏状，然后以汤瓶冲点，一边以竹制的茶筅或银制的茶匙在盏中回环搅动，即所谓"击拂"。这时候茶汤表面会泛起一层泡沫，叫沫饽。如果茶粉细腻，点汤击拂都恰到好处，汤花就雪白匀细，可以紧咬盏沿久聚不散，即"咬盏"。沫饽能够长时间地停留在杯盏的内壁，则说明茶汤浓郁茶叶的品质较好，待到茶花消散，碗边就会出现水痕，斗茶便"以水痕先者为负，耐久者为胜"。这就是所谓的"汤发云腴酽白，盏浮花乳

《太白行吟图》　梁楷

轻圆"，"汤嫩水清花不散"。当然，光看沫饽决胜负是远远不够的，还要比拼茶汤色泽是否鲜白。"茶色贵白"，"以青白胜黄白"。纯白者为胜，青白、灰白、黄白为负。而且茶汤的颜色还能反应出茶饼制作的工艺上的得失。据说汤色纯白，表明茶采时肥嫩，制作恰到好处；色偏青，说明蒸时火候不足；色泛灰，说明蒸时火候已过；色泛黄，说明采制不及时；色泛红，是烘焙过了火候。

　　除了这种文人们喜欢的玩意，宋代市民早上起来习惯喝一种叫煎点汤茶药的茶。这种茶是茶叶和绿豆、麝香等原料煎煮而成的。因为在宋代人眼里，茶叶也是一种药物。

宋人之所以热爱茶，恐怕很大一部分原因是在宋人的观念里，饮茶可以清心解乏，消食散滞，明目消渴。自从茶成为重要的饮料，清心解乏的功效一直备受推崇。"一啜更能分幕府，定应知我俗人无"，"啜多思爽都忘寐，吟苦更长了不知"，"一日尝一瓯，六腑无昏邪"，"一杯永日醒双眼，草木英华信有神"云云，都是诗人们喝了茶，觉得精神抖擞，然后就下笔如有神助。"十分调雪粉，一啜咽口津"，"筠焙熟茶香，能医病眼花"，"列仙之儒瘠不腴，只有病渴同相如"，"与疗文园消渴病，还招楚客独醒魂"，说的便是茶有生津解渴、明目治病的功效。

为什么在喝茶的时候特别要提到汤呢，因为端上茶和汤是宋代待客的礼节，比如说皇帝下赐大臣礼物的时候大部分时间都是汤药和茶一起打包赐下。召见大臣的时候，也是赐座时上茶，最后起身时点汤。不过这也不是一定的，普通人家里，先茶后汤，还是先汤后茶都是按照自家的习惯，没有什么一定的规矩。

这里说的汤，指的是宋代一直很流行的汤药，主要有二陈汤、枣汤、生姜汤、荔枝圆眼汤、薄荷汤、木星汤、无尘汤、木香汤、香苏汤、盐豉汤、干木瓜汤、缩砂汤、湿木瓜汤、白梅汤、乌梅汤、桂花汤、豆蔻汤、破气汤、玉真汤、益智汤、檀汤、杏霜汤、胡椒汤、紫苏汤、洞庭汤等等。这已经离茶很远了，便略去不提了。

当然，宋代不仅仅只有散茶团茶，"木樨、茉莉、玫瑰、蔷薇、兰蕙、桔花、栀子、木香、梅花皆可作茶"。那时候花果茶也已经出现了，所以想要开茶室的妹子们注意，不要小看古代人民的创造性，更不能小看古代人民在吃喝玩乐上的精致和追求。

想致富，去宋代开酒楼吧——酒

虽说宋代文人嗜茶多于嗜酒，但酒作为中国文化里不可分割的一部分，自然不可能完全地从文人士子的生活中摒除。即使到了精致温软的宋代，那些狂放的浪漫的英雄豪气也并没有消弭，而是和酒一起一直与人消愁解忧，散漫出风流气韵贯穿千年。

自唐代以来，为了增加税收，酒水的贩卖都是政府专卖。而由于宋朝自始至终实行榷酒政策，即使全国通行官监酒务、特许酒户和买扑坊场，鼓励酿造销售，民间只要向官府买曲，就可以自行酿酒。所以宋代的官府是"惟恐人不饮酒"。因而宋代酿酒业，比前朝发展得更为繁盛。酒课收入是当时重要的税务收入。北宋初年酒课只有一百八十五万余贯，大约是当时总收入的十分之一。天禧年间达到九百万贯，大约是当时总收入的三分之一。到了庆历年间一千七百一十万贯，几近全国税收总量的五分之二。之后又逐年下降，一直到南宋一千余万贯，可以占到当时总收入的五分之一左右，可见当时的酒课一门税收，对宋的财政是多么重要。

据《胜饮编》中的记载，宋朝的酒经是中国历代王朝最多的一个朝代。比如《东坡酒经》《新丰酒经》《北山酒经》三卷、《续北山酒经》《酒谱》《桂海酒志》等等。酒在当时是非常重要的饮料，主要分为黄酒、果酒、配制酒和白酒四种。

《夜宴图》　宋·佚名

黄酒生产的历史非常悠久，但是其名称大致始见于宋代和西夏文献。黄酒以谷类为原料酿制，《北山酒经》记载的宋代黄酒生产的十三道工序，即卧浆、淘米、煎浆、汤米、蒸醋糜、用曲、合酵、酴米、蒸甜糜、酒器、上槽、收酒、煮酒等步骤。"凡酝用粳、糯、粟、黍、麦等及曲法酒式，皆从水土所宜。"在中唐以前，酿酒的主要原料还依旧是黍和粟，而到了宋代，由于稻米的普及，糯稻作为原料来酿酒已经不是鲜见的事情了。

果酒包括葡萄酒、蜜酒、黄柑酒、椰子酒、梨酒、荔枝酒、枣酒等，但是宋代的果酒质量不算太好，基本都是自然发酵而成的，所以喝的人也不算太多。

配制酒就是用酿好的好酒加上花果药材和调味品浸泡、蒸馏而成的。比如酴酒和模楂花酒，就是泡出来的，《文昌杂录》言："京师贵家多以酴醾渍酒，独有芳香而已，近年方以模楂花悬酒中，不惟馥郁可爱。"其他配制酒还有菊花酒、海桐皮酒、蝮蛇酒、地黄酒、枸杞酒、麝香酒等等。

白酒是我国独有的一种蒸馏酒，当时的称呼是蒸酒、烧酒、酒露等等。不过宋代即使出现了烧酒，其酿制技术也不会太高，所以酒鬼们若是到了那里，铁定非常有用武之地。

宋代的酒已经不全是升斗沽量贩卖的了，瓶装酒早已普遍出现在市场上了。话说宋太宗时候曾经有过因为酒的品质太过于低劣，皇帝亲自下诏"湖州万三千三百四十九瓶，衢州万七千二百八十三瓶"，"并许弃之"。真宗末年杭州酒水每年的消费量，就足有一百万瓶。

宋代的名酒比起现在的品种，一点都不少。据《酒名记》《武林旧事》《梦梁录》等等文献中记载，宋代的酒类大概有近三百种。其中很大一部分都是达官贵人家的私酿。比如香泉是宋英宗皇后高氏家的，天醇是宋神宗的皇后向氏家的，琼腴是徽宗儿子郓王赵楷府的。除了私酿，更多的名酒是各地的大酒楼酿造的，比如开封丰乐楼的眉寿、白矾楼的和旨、忻乐楼的仙醪，再比如北京大名府的香桂和法酒，南京应天府的桂香和北库，西京河南府的玉液和酴香，相州的银光和碎玉，定州的中山堂和九酝等。此外，官府还有官方酿制的名酒，比如军队殿前司的凤泉、浙东提举常平司的爱咨堂、浙西提举常平司的皇华堂、江东转运司的筹思堂、苏州的双瑞、越州的蓬莱春等等。宋代宫廷还会从各地征调酿酒师傅于宫廷中酿造内中酒。比较有名的有蒲中酒、苏合香酒、蔷薇露酒、流香酒等。

宋代酒楼的繁盛得益于宋代官府扶植酿酒业的发展。《东京梦华录》里记载开封城里豪华的丰乐楼、长庆楼，都是金碧辉煌灯烛相映通宵达旦人流不止的样子。"凡京师酒店，门首皆缚彩楼欢门，唯任店入其门。一直主廊约百余步，南北天井两廊皆小合子。向晚灯烛荧煌，上下相照。浓妆妓女数百，聚于主廊槏面上，以待酒客呼唤，望之宛若神仙……大货行通笺纸店白矾楼，后改为丰乐楼。宣和间，更修三层相高，五楼相向，各有飞桥栏槛，明暗相通。珠帘绣额，灯烛晃耀，明开数日，每先到者赏金旗。过一两夜，则已元夜。则金一瓦陇中皆置莲灯一盏。内西楼后来禁人登眺，以第一层下视禁中。大抵诸酒肆瓦市，不以风雨寒暑，白昼通夜，骈阗如此。州东宋门外仁和店、姜店，州西宜城楼、药张四店、班楼、金梁桥下刘楼、曹门蛮王家、乳酪张家、州北八仙楼、戴楼门张八家园宅正店，郑门河王家，李七家正店，景灵宫东墙长庆楼，在京正店七十二户。此外不能遍数，其余皆谓之'脚店'。卖贵细下酒。迎接中贵饮食。则第一白厨，州西

安州巷张秀。以次保康门李庆家，东鸡儿巷郭厨，郑皇后宅后宋厨，曹门砖筒李家，寺东骰子李家，黄胖家，九桥门街市酒店。彩楼相对，绣旆相招，掩翳天日。政和后来，景灵宫东墙下长庆楼尤盛。"那时酒楼之繁华可见一斑。而等到南宋时候，酒楼不仅外观气派，内里的修饰也一路追求风雅，张挂有当时文人的书画，并且还在墙上留下空白，以便让痛饮之后文思迸发的文人们，有地方挥毫泼墨题诗作画。

对于宋代的酒楼来说，每年煮迎新酒是一个非常盛大而重要的事情。"中秋节前，诸店皆卖新酒，重新结络门面彩楼，花头画竿、醉仙锦旆，市人争饮，至午未间，家家无酒，拽下望子。"从《东京梦华录》里的记载来看，几乎可以认为这时候煮新酒已经类似于一个约定俗成的狂欢节了。张灯结彩，痛饮狂歌。

如此看来，想致富，去宋代开酒楼吧。

背一套蒸馏锅去宋代制香水——香

在宋代的文人和仕女乃至普通百姓的生活中，永远少不了那飘渺不定或浓郁或清淡的香味。从饮食、沐浴、熏香、佩戴，到文人相聚斗茶焚香。整个宋代似乎在行止间都充满了各种各样的香味。

根据各种记载，宋时香料就已达一百多种，其中常见的有乳香、龙涎香、龙脑香、沉香、檀香、丁香、苏合香、麝香、木香、茴香、藿香等等。

《梅花绣眼图》 宋·赵佶

　　香料最直接的用途是用来焚香熏香。宋代的文人喜欢熏香,虽然没有夸张到出现"荀令留香"这样的典故,但是文人雅士、官员贵胄用各种香料熏衣依旧是一种雅致的习惯。比如梅询就是夸张到一抖官服的袖子,香气满屋子都能闻到的程度。宋人在焚香待客上面极尽奢华之能事,宋徽宗在朝元宫殿前石鼎里焚烧香料,"香烟蟠结凡数里,有临春、结绮之意"。结果在皇帝的带头作用下,贵胄豪富焚香待客之时,无不香雾腾腾,有如仙境。

　　宋朝的香料不止常作为熏香使用,那时候在食物里添加香料就像我们现在食物里被加进去无数的人工香料一样是稀松平常的事情。大的宴席上有专门陈列香料的看盘。很多饮料,特别是茶和酒里都添加香料来增加香味。"茶有真香,而入贡者微以龙脑和麝,欲助其香。"而雪花酒则是添加了龙脑香或者木香而制成的。加了苏合香的苏合香酒,具有调和五脏,驱腹中疾病的功效,经常作为宫廷御酒下赐近臣。

除此之外，随身携带香囊香袋，调配各种香汤沐浴，制墨加香料之类生活细节上的应用更是不胜枚举。文人雅士们不满足于焚香，更有一些人会亲手制香。于是整个宋代的生活中，总是在细节处弥漫出宜人的香味。

宋代，中国封建社会的政治经济都进入了一个高峰时期，香文化也从皇宫内院、文人士大夫阶层扩展到普通百姓，遍及社会生活的方方面面，并且出现了《洪氏香谱》等一批关于香的专著，步入了中国香文化的鼎盛时期。

那时候很大一部分香料，比如乳香、龙脑、沉香、苏合香都是通过海上丝绸之路运到泉州等地，然后再转运到内地。当时在泉州还设立了市舶司，香料的贸易税也是当时重要的财政收入。而为了防止税收流失，很多香料都是由官府专卖的。

龙涎香是一种带着神话色彩的香料，古代的人们传说天上的巨龙在海里枕着礁石睡觉，流出的口水就凝结成了龙涎香。当然，我们现在知道了龙涎香没有那么浪漫的出身，它不过是抹香鲸肠胃里吐出来的分泌物而已。

龙涎香的颜色有很多种，刚被吐出来的时候是浅黑色或灰色，在海上漂浮浸泡得越久颜色越浅淡，白色的龙涎香更是价值千金。《游宦纪闻》记载："诸香中'龙涎'最贵重，广州市值，每两不下百千，次等亦五六十千。"

宋代人认为，龙涎香并不是非常香，它的主要功能是聚香，加入其他香料之中，能使香味经久不散。"人云龙涎有异香，或云龙涎气腥，能发众香，皆非也。龙涎于香本无损益，但能聚烟耳。和香而用真龙涎焚之，一缕翠烟浮空，结而不散。座客可用一剪分烟缕。""龙涎入香，能收敛脑麝气，虽经数十年，香味仍在。"说起来，在宋代文人的笔下，龙涎香很多时候是和睡眠和闲居联系起来的。"恼人香薰是龙涎,枕上忽收疑是梦。"氤氲在睡梦中的是龙涎香不散的香味。"觉来重试古龙涎,深炷玉炉,烧气不烧烟。"起床之后闲来无事的消遣,是在玉炉中试香玩香。诗词里的龙涎香虽然少了那么两分贵重奢侈,却多了几分富贵闲人的气派。

龙脑香,就是现在所谓的天然冰片,古人还叫它瑞龙脑、梅片、梅冰或者羯布罗香。这种香料是树木分泌的树脂,在干燥之后会发出浓烈的香味。《宋史》记载宋太祖时吴越王遣其子文颢来朝贡,所奉上的贡品中"乳香万斤、象牙三千斤、龙脑香五斤"。以吴越一次上贡万斤乳香,三千斤象牙的豪奢,龙脑香才仅仅只有五斤,由此就可以看出龙脑香的珍贵了。但是即使龙脑香非常珍贵,但是宋人并不过于珍惜他,反而用做香篆或熏衣,让它的香气随时弥漫在空气中。"龙脑透缕鲛绡红",宋人甚至会用上等龙脑香来制作雕塑,用于摆设。《清异录》即言:"以龙脑为佛像者有矣,未见著色者也。"

沉香是老树被真菌侵蚀时,分泌出的物质结成香脂,从而产生的香料。这个过程长达十几年乃至几十年,所以上等的沉香,"与黄金同价"。由于从皇室贵族到民间,都习惯大量地使用各种香料,所以宋代从"诸番"大量地进口沉香就不是什么值得惊奇的事情了。《岭外代答》把进口的沉香分三六九等:"沉香来自诸番国者,真腊为上,占城次之。真腊种类固多,以登流眉所产者气味馨郁,胜于诸番。若三佛齐等国所产,则为下岸香矣,以婆罗蛮香为差胜。下岸香味皆腥烈,不甚贵重,沉水者但可入药饵。"

知不知道香是一个问题,会不会焚香是另一个问题,若是随随便便把香料丢到火里,不免让人鄙视成焚琴煮鹤的乡野村夫或者头脑空空的傻瓜花瓶。那么到底该怎么焚香呢?且听我一一道来。

焚香首先要有香料,一般都不用单纯的香料,而是用合

制好的香丸香饼，对宋代文人来说，亲手制作焚香用的香丸香饼，是一件非常风雅和时髦的事情。《香谱》中写了造香饼的方法："软灰三斤，蜀葵叶或花一斤半（贵其粘），同捣令匀细如末可丸，更入薄糊少许，逐旋烧用。"

香饼子准备好了，就要准备焚香的用具。香炉一个，铜的、玉的、瓷的都行，若是造型古雅更佳，炉里厚厚地铺一层香灰，用来保温隔热。特制的香炭一粒，需要烧起来无味无烟的那种，把炭放在火上烧透之后，放在香灰的上面。用香铲轻轻地把雪白雪白的香灰浅浅地埋住香炭1—2公分处——如果有闲心的话，欢迎用铲子在香灰上压出一道一道的印纹。埋好之后在香炭上方扎个通气孔，孔上放一片银叶，也就是用来隔火的器具。虽然叫银叶，但是也不一定全是银子做的，还有一些玉质或者云母制的。全部放好了之后，才可以在银叶上面放上香丸香饼。之所以要这么做，是为了让炭烧得更慢，香味更加舒缓持久。

想想看吧，在某个悠闲的午后，手腕上带着金臂钏的女子梳着坠马髻，闲闲地拨弄手上的香炉，在水晶帘下焚上一炉香，这不比大下午蹲在咖啡厅发呆风雅多了？

香饼焚了一阵之后，便要翻起让向上那面继续受热，虽然有专门用来翻面的香具，但是似乎诗人们更加欣赏用精美的金钗闲闲地翻动。"炉犹暖，麝煤残。惜香更把宝钗翻。重闻处，余熏在，这一番、气味胜从前。"焚了一半的香料被置于犹有余温的香炭之上，又继续散发出悠长的香味。于是，用宝钗翻动香炉里的残香成了诗文中经典的形象。

当然，除了做香饼香丸，打香篆也是当时文人们喜欢的活动。把磨好的香粉压成盘旋往复的图案或文字，做成"印香"，比起之前的香饼香丸，更多了那么三分悠然自得的情趣。

除了固体的香料，从遥远的大食运来的蔷薇水也是当时颇受追捧的香料。不知道是不是由于当时中国蒸馏技术的落后，那时几乎没有国产的香露，只有从阿拉伯一带进口来的蔷薇水，也就是玫瑰香水。伴随着蔷薇水来的，是一个个精美绝伦的玻璃香水瓶。

虽然说我们在春秋战国时期就已经出产玻璃，但是比起登峰造极的瓷器制造业，玻璃一直都没有成为日常生活中的实用器。当然，虽然日常实用器真的不算太多，但是作为摆设和进口奢侈品的玻璃也并不算少。在宋辽时期的地宫出土了大量精美的玻璃瓶，比如说安徽无为舍利塔基出土的磨花蓝玻璃瓶，浙江瑞安慧光塔出土的长颈玻璃瓶，天津蓟县独乐寺出土的磨花长颈玻璃瓶，南京大报恩寺地宫出土的刻花玻璃瓶等等。类似的玻璃器，在伊朗乃沙不耳一带也有出土，当然，这些精美的玻璃瓶放入地宫时候装了些什么已经不可考证，但是这些玻璃瓶在他们的原产地却是专门用来盛放蔷薇水的。

也许塔基里的玻璃瓶在放入的时候里面装满了礼佛的香水，然后香水消失在了茫茫的岁月之中，而瓶子却留在地宫里穿越了千年的时间，让我们一瞥到那时进口奢侈品的风范。

那时的蔷薇水不仅是献给佛祖的阏伽水，为行者获得三业清净，洗涤烦恼垢，还是时人所喜爱的珍贵香料。所谓"海外有瓶还贮水，亭前无洞可藏花"，晶莹剔透的玻璃瓶中装的蔷薇水的香气于文人眼里，拥有着无可比拟的魅力和神秘感，甚至最初有传说，这些香水是清晨蔷薇花瓣上那一滴晶莹的露水。以至于文人会不厌其烦地在诗文里描述蔷薇水的气韵和承装它们瓶子的晶莹透彻。

蔷薇水可以用来熏衣，"洒著人衣袂，经十数日不歇也"。洒在衣服上，香气芬芳持久，甚至有人会夸张地形容道："旧恩恰似蔷薇水，滴在罗衣到死香。"除了熏衣，宋代的文人们还发明了用香水合香的法子：把切成薄片的香料浸渍在其中，晒干之后所制成香料。据说在焚烧这样的香料时，在那些或沉郁或浓烈的香料本味中，会氤氲出清雅的花香果香。

虽然宋代的文人工匠们一直致力于复制出与大食进口

的蔷薇水类似的香水，然而"异域蔷薇花气馨烈非常"，而国产蔷薇的味道却没有那般浓郁，所以后来"取素馨、茉莉花为之"，但是仍然比不上蔷薇水的味道。所以有文人无不遗憾地感叹道："但视大食国真蔷薇水，犹奴尔。"

看到了吧，多么好的商机放到了我们的眼前，广大手无缚鸡之力肩不能挑手不能提的同志们，特别是锅炉系、热力系的同志们，您们大展身手的时候到了——背一套现代蒸馏锅过去，躺着吃喝的梦想就在您的眼前。

去勾栏瓦肆看现场表演——市井娱乐

吃饱了喝足了，自然要给自己找找乐。我们这些被互联网电视台惯坏了的人可能会觉得一千年前会很无聊乃至晚上只能拉灯睡觉——但是这绝对是错误的臆测。那时的玩主儿很可能会鄙视一千年后的人们除了上网看电视，就是打牌、K歌、看电影，居然没有什么像样的娱乐。

在宋代，最普通的游乐场所被称为"瓦舍勾栏"。总的来说游艺场的总称叫"瓦舍"或"瓦子""瓦市""瓦肆"。而瓦舍里小的场子叫"勾栏"或者"勾阑""钩栏"。《梦粱录》曰："瓦舍者，谓其'来时瓦合，去时瓦解'之义，易聚易散也。"而勾栏则有人明明白白地说了："俳优棚曰钩栏。"

勾栏最初兴起于仁宗朝，宋室南渡之后，临安城里又兴起了一股建造勾栏瓦舍的风气。据各种史料记载，当时大小瓦舍有二十四座，最大的一座瓦舍"有勾栏一十三座"。而且有的勾栏瓦市会在晚上营业，"于茶肆中作夜场"。勾栏有大有小，据《东京梦华录》言，当时首都开封府"街南桑家瓦子，近北则中瓦、次里瓦，其中大小勾栏五十余座。内中瓦子莲花棚、牡丹棚，里瓦子夜叉棚、象棚最大，可容数千人"。千人的大游艺场，比起现在的欢乐谷或者迪斯尼乐园，丝毫不逊色。

勾栏里的节目能够春夏秋冬四季不断地从早上一直演到半夜，"不以风雨寒暑，诸棚看人，日日如是"。临安的市民"深冬冷月无社火看，却于瓦市中消遣"。可见那时去瓦舍消遣就是如同我们看电影、吃饭、唱KTV一样普遍正常。

虽然考古发掘并没有发现勾栏瓦舍的遗迹，但是从各种文献中，可以让人一瞥勾栏的形状：

勾栏是木头搭成的，四周封闭，只有一个门进出。门口贴着"招子"，跟现在剧场前面贴的海报差不多，上面写着当天的戏码和演员。此外门口还挂着作为广告招牌的"旗牌、帐额、神帧、靠背"等等。

勾栏里的主体是一个戏台，周围用画着花纹的栏杆围起来，所以才得名叫"勾栏"。戏台后面用"鬼门道"连着戏房，用"神巾争"相隔。勾栏的演员们就是在戏房里休息准备，然后通过鬼门道上戏台表演。

观众席也分为VIP和普通席位。VIP席位叫"神楼"，是正对着戏台的高台，有点像现在剧场里的头等席。神楼上有供奉祖师爷和各路神仙的灵位，外加放置观众席。普通席位叫"腰棚"，是围着戏台的木头座位。不过跟现在的剧场不一样，座位并没有编号，有点先到先得的意思。最好的位置叫"金交椅""青龙头"还有"白虎头"。金交椅顾名思义，是留给皇帝坐的，位置在离舞台正中最近的位置。青龙头在舞台的左侧下场门旁，白虎门在舞台右侧的上场门旁。舞台的一边有"乐床"，是乐队演奏的位置。

宋代官方专门有管理百戏杂技的教坊，但并不是此时

首创的。自汉武帝设立乐府，设立"散乐"管理来自民间的歌舞杂技，到唐朝设置教坊，专门掌管乐舞百戏，即所谓"凡祭祀、大朝会，则用太常雅乐；岁时宴飨，则用教坊乐部"。宋代的教坊比起盛唐，规模已经衰微多了。比较有意思的是，宋代官方百戏杂技都是被收编在军队中的，即殿前司左军、右军。这些艺人每月拿着国家公务员工资——"饷糈"，在御宴朝会上进行百戏杂技的表演。当然，有时候御宴、朝会上的表演会临时雇用民间的艺人。《朝野类要》就言道："今虽有教坊之名，隶属修内习教乐所，然遇大宴等，每差衙前乐权充之，不足，则又和雇市人。近年衙前乐已无，教坊旧人多是市井路歧之辈。"

而于此同时，开放的经济和繁盛的文化下，瓦舍中演出杂剧、杂伎、傀儡戏、影戏、说经书、说唱、讲史、小说、舞蹈、诸宫调、合生、武艺等等的艺人却是逐渐多了起来。那时候艺人们之间的竞争也是非常厉害的，一点都不逊于现在的娱乐圈。本事大的留下，本事不行的只能在宽阔的空场上卖艺为生，就是所谓的"打野呵"。而且这些在汴梁或者临安混不下去的艺人会流散到全国各地，州县里自然而然也就建起了一批瓦肆勾栏。

杂剧这个词可以追溯到汉代的百戏，即散乐。到了唐代被称为杂剧、杂戏。宋代的杂剧有两种，一种是以对白为主的滑稽戏，另一种是以歌舞为主的歌舞戏。

那时候的杂剧跟现在看的昆曲京剧不太一样，除了歌舞音乐，还有调笑和杂技穿插其中。更重要的是，那时候的剧很可能前后的情节是断开的，故事并不是完整的。虽然演员们都有装有扮，但是他们所唱的歌词都是第三人称而不是第一人称。所以若是让现代人看起来，那时的杂剧跟穿着cosplay的衣服唱书差不了太多。

宋代的杂剧分为四段，第一段为艳段，作为正文的引子；第

《西厢会真记》 传为仇十洲画作

二段和第三段是正杂剧，通常为两段，大概是一种雏形的故事演唱、滑稽说唱或舞蹈；第四段是杂扮，也叫杂旺、技和，主要就是调笑。杂剧里的曲子分为三种，断送是开演时候的开场曲，大曲用于歌舞，小曲就是民间的小调。

那时候的人记载的教坊里的杂剧是这样表演的："杂剧中，末泥为长，每四人或五人为一场，先做寻常熟事一段，名曰艳段；次做正杂剧，通名为两段。末泥色主张，引戏色分付，副净色发乔，副末色打诨，又或添一人装孤。其吹曲破断送者，谓之把色。大抵全以故事世务为滑稽，本是鉴戒，或隐为谏诤也，故从便跣露，谓之无过虫。"（《都城纪胜》）

当时的人有多爱看杂剧，从《东京梦华录》里就能一窥一二，在中元节，"构肆乐人，自过七夕，便般《目连救母》杂剧，直至十五日为止，观者倍增"。这简直就与有大片上映的时候电影院里一票难求的景象不相上下。

鼓子词有点像现在的评弹，就是一种说书和唱书结合在一起的表演。唱鼓子词一般都是三个人为一组，一人讲故事，一人歌唱，还有一人吹奏曲子。那时候比较有名的鼓子词本子名叫《商调蝶恋花》，其中说唱的故事大家绝对耳熟能详，乃是大名鼎鼎的《会真记》。

勾栏里上演的舞蹈中有一种叫做缠达，也就是叙事歌舞。一段缠达分为引子、短歌、尾声三段。然后被宋代那群非常喜欢身体力行来娱乐自己和娱乐他人的士大夫们喜欢上了，变成了致语、词与律交替出现、放队（绝句）三段式，配上深奥优美的歌词，缠达就变成了文人圈里非常流行的

一种消遣方式。而在北宋末年，又发展成一种叫唱赚的叙事歌曲，也就是后来南曲的基础之一。

诸宫调也是产生在北宋的一种说唱表演，简单来讲就是几套不同宫调的不同曲子轮递歌唱。因为内容长，所以就可以唱长篇——若是有人在那时写个什么《神雕侠侣》或者《大唐双龙传》大概就可以用诸宫调来说唱。根据《都城纪胜》的记载，这种表演的首创者是泽州人孔三传。而他具体的事迹早已不可考了。据《梦粱录》载，早期的诸宫调是用鼓、板、笛等乐器伴奏的，到了后来可能还添加了琵琶和筝。表演的时候以唱为主，每段曲词唱完后，有较短的说白链接下一段，或者直接用曲子带过尾声。这种表演自从一出现就十分流行，一直到了元代才逐渐衰微下去。

除了这些比较长的曲子，还有些短小悠扬的小曲，或者俏皮逗趣的曲子。比如说"小乐器"是两个人合作的演奏，比如双韵合阮咸，稽琴合箫管，琴合葫芦，琴单拨十四弦，吹赚动鼓板。还有三五个人的小乐队在春场、看潮、赏芙蓉的时候或者酒楼里给人演奏，叫做"荒鼓板"。"唱叫小唱"就是伴着牙板的慢曲、曲破（大曲第三段名为曲破），所谓"忍把浮名，换了浅斟低唱"指的就是这种小曲。"嘌唱"就是所谓"上鼓面"的令曲小调、纵弄宫调。不过这种小调不太上得了台面，只是在大街上"与叫果子、唱耍曲儿为一体"。如果不上鼓面，只是盏者，就叫做"打拍"。除了唱曲子的，连市井上叫卖的"叫声"都是"采合宫调而成"。

宋代的话本、剧本、曲子、词之类的脚本，很多时候是书会里的书会先生写的，书会先生类似于现代的职业剧本作家，专门给瓦舍里的艺人写剧本、话本和曲词本。这也是宋代很多落魄文人填饱肚子的职业。

《骷髅戏幻图》 宋·李嵩

对于广大看遍狗血言情剧武侠剧的同志们来说，大概随便摇一摇笔杆子，编出来的故事都能秒掉一帮人——如果一时手头匀不开的话，在书会里兼职个先生，写几个剧本也是有可行性的谋生途径。

不过即使是摇笔杆子的生意，也不是那么好做的。街市上专门有一些文人卖诗卖酸文讨生活。所谓酸文，是指针砭时弊的冷笑话类的文章或者诗文。但是在街上卖酸文也要有些才智。话说就有秀才卖酸文的时候活活被某事儿多的市民难倒。比如某日某市民非要让卖酸文的秀才用"浪花"为题作绝句，以红为韵，结果秀才写不出来，于是路人甲就对这人推荐了南熏门外的王学士。这位学士欣然挥笔道："一江秋水浸寒空，渔笛无端弄晚风。万里波心谁折得？夕阳影里碎残红。"路人无不折服。仇万顷卖诗号称每首标价30文，停笔磨墨罚钱15文。可见，卖诗所需要的才情，跟在金殿对答也差不了多少了。至于卖酸文的，难度就更大了，不但要针砭时弊，而且要顷刻而成，还不能乏味枯燥，要诙谐有趣能让人心甘情愿地掏钱来买，这恐怕不是一般死读书的秀才能干的职业。

在勾栏里，杂技是非常受欢迎的表演项目，当事人称："伎巧则惊人耳目。"咱们现在能看到的杂技节目基本那时候都能看到，甚至可能更加精益求精。

"走索""高絙"就是走钢丝，那时候就是在两根高高的杆子上绑一条绳索，然后耍走索的艺人在上面翻转腾挪。《大酺赋》写了："望仙盘于云际，视高絙于坦途。俊轶鹰隼，巧过猿狙。炫多能于悬绝，校微命于锱铢。左回右转，即讴只且。嘈喷沸溃，鼓噪歔欷。实倒投而将坠，旋敛态而自如。亦有俇僮赤子，提携叫呼。脱去袴襦，负集危躯。效山夔之踯躅，恃一足而有余。"

杂手伎，大概包括上竿、打筋头、踏跷、打交辊、脱索、装神鬼、抱锣、舞判、舞砍刀、舞蛮牌、舞剑、与马打球、踢磬、弄花鼓捶、踢墨笔、弄球子、捵筑球、弄斗、打硬、教虫蚁及鱼、弄熊、烧烟火、放爆仗、火戏儿、水戏儿、圣花、撮药、藏压、药发傀儡、壁上睡，小则剧术射穿、弩子打弹、攒壶瓶（即古之投壶）、手影戏、弄头钱、变线儿、写沙书、改字等等。我们比较熟

《杂技戏孩图》 宋·苏汉臣

悉的大概就是"踢弄"，表演小道具时叫"踢"，表演大道具时叫"蹬"，简单来说就是：竖起双足蹬顶酒坛、罐子、瓶子乃至小孩儿。弄盏，用那时候的描写就是"其盏百只，置于左右手，更互掷之，常一半盏在空中，递相拽击，节皆中节"。就这段记载来看，大概就是现在扔球扔火棒那种表演，全凭手疾眼快。除了弄盏，还有弄碗、弄花鼓捶、弄球子、弄斗。

变戏法那时候叫"撮弄杂艺"，是宴席勾栏里非常普遍的余兴节目，有诗赞云："舞拂桃珠复吐丸，遮藏巧使百千般。主公端坐无由见，却被傍人冷眼看"，"尽教逞技尽多般，毕竟甘心受面谩。解把人间等嬉戏，不妨笑与大家看"。那时候文人笔下记载：有道士表演魔术，用青幕覆在枯李上，把一粒药纳入李根，然后盖上。一会儿揭开，李已开花，又覆其幕如初。及再揭，李子已结实。盖三遍幕，令遍行酒，遂去幕，则一树全熟，青黄交枝，满座摘食，香味胜于常种。又有一鲁晋卿，往一贮满水的瓦瓮，投入鱼鳞，盖上青巾，时时揭视，良久举巾，数鳞腾出，一座大惊。厨师用此鱼作脍，其鲜腴超过了市场上所卖的鱼。这样的魔术即使是现在看来也是匪夷所思而又神奇无比的。

甚至有的时候文人们记载的故事，都有点像神鬼之术了。话说在鼎州有个无聊的路人看见一个妇人在取水，于是手欠，变了个戏法让她提不动水。谁知道那个妇人也是个善于幻术的，随即就要求"勿相戏"。然而不知道那个路人为什么就是不答应，于是妇人把随身的扁担变成了蛇，再三要求那位路人"莫相戏"。而这位路人顽固坚持着非要斗一斗，直到蛇变大缠到那人身上，等到众人惊异想要报官的时候，那妇人才笑道伤不着，取蛇投到地上，仍化为一根扁担。这样的戏法，在我们眼里简直已经可以称得上是匪夷所思了，然后却被文人们一本正经地记到了笔记里，却是不知那时是否真的有如此精妙的魔术戏法。

宋代之前，口技大概不能算一门正式的表演，然而到了宋代，口技成了重要的表演项目。在皇帝万寿节时，就有"集英殿山楼上，教坊乐人，效百禽鸣，内外肃然，止闻半空

和鸣,若鸾凤翔集"。这样学飞禽鸣叫的节目,不止在皇室,在民间也颇为盛行。那时候能模仿百鸟叫声的艺人被人尊称为"百舌人"。还有人用竹木牙骨做成哨子名叫"嗓叫子",放到喉咙里能吹出更多的声音,还能作人言。

自唐代开始宫廷中经常进行的角抵、相扑之戏,到了宋代,民间的相扑活动更是十分红火。据《梦粱录》记载,南宋临安的相国寺内,每年都要举行一两次大型的相扑、摔跤比赛。届时各方好手云集,登台各显神通,得冠军者能获得旗帐、锦缎、马匹等等财物。而勾栏瓦舍中相扑角抵也是非常红火的表演,观者络绎不绝。

其他诸如扮演灵怪故事、铁骑公案之类的傀儡戏,演史书话本的影戏、演说公案、经史说话,还有聚人猜诗谜、字谜、戾谜、社谜,都是那时勾栏里常见的游艺。

遥想宋代街市勾栏瓦舍中的情景,丝管弦乐,清歌曼舞,四处游走贩卖甜汤、香茶、果子、点心的小贩,那些笼袖骄民们肆意地在勾栏瓦舍里游玩,此等繁华盛世,如何不让人心驰神往。

宋朝的玩乐达人是全才——流行游戏

宋代的生活比起以前,明显地更追求享受了。从那时候的文人笔记来看,从开封到临安,各种各样的游戏充斥在人们的生活中。甚至还有专门的蹴鞠社这样的结社出现。

《宋太祖蹴鞠图》　宋·钱选

　　在宋代，有一些早古传下来的游戏依旧非常盛行，比如说蹴鞠。好吧，即使到了现在，蹴鞠，或者说进化了的蹴鞠也就是足球，也是非常流行的一种游戏。

　　一提到宋代的蹴鞠，就不得不提到高俅，这位奸臣就是因为踢球的技术太好了，被当时的端王也就是宋徽宗看上了，乃至官运亨通。《挥尘录》载："（王晋卿）至晚遣俅贾往，值王在园内蹴鞠，俅候报之际，睥睨不言。王呼令对蹴，深惬王意，大喜，呼隶辈云：'可传语都尉，既谢蓖刀之贶，并所送人皆辍圊矣。'由是日见亲信。逾月王登宝位，眷渥甚厚，不次迁拜，其侪类授以祈恩，上曰：'汝曹争如彼好脚迹那！'数斗间建节，寻至使相，思幸无比。"《宋史·太宗本纪》言："太平兴国五年三月戊子，会亲王、宰相、淮海国王及从臣蹴鞠大明殿。"《梦粱录》言："更有蹴鞠、打球、射水弩社，则非仕宦者为之，盖一等富室郎君，风流子弟，与闲人所习也。"那时候，从皇室到民间，上至王公大臣，下至风流子弟，蹴鞠简直成了当时的全民运动了。

　　宋代蹴鞠用的皮球跟现在的足球已经十分类似了。是用牛虻胞，也就是牛和猪的膀胱吹上气作为内胆。然后在外

面用十张或者十二张牛皮缝成球壳。《蹴鞠谱》赞曰："密砌缝成侵不露线角，嵌缝深窝，梨花可戏，虎掌堪观，侧金钱短难缝，六叶桃儿偏羡。"

不过虽然宋代的球跟现代足球相似，但是球门却大大的不一样了。唐代的蹴鞠是双球门的对抗比赛，而到了宋代，就变成了单球门或者无球门的运动，所以在宋代蹴鞠很多时候是作为一种表演性的杂耍存在的。在给皇帝上寿的御宴中，也会有左右军的蹴鞠表演，根据《东京梦华录》记载："左右军筑球。殿前旋立球门，约高三丈许，杂彩结络，留门一尺许。左军毬头苏述长脚幞头红锦袄，皆卷脚头，亦红锦袄十余人。右军毬头孟宣并十余人，皆青锦衣，乐部哨笛杖鼓断。左军先以毬团转众小筑数遭，有一对次数头，小筑数下，待其端正，即供毬与毬头，打大月兼过毬门，右军承得毬，复团转众小筑数遭。次毬头依前供毬与毬头，以大月兼打过，或有即便复过者胜。胜者赐以银盏锦彩。拜舞谢恩，以赐锦共披而拜也，不胜者球头吃鞭，便加抹枪。"既然御宴上蹴鞠都成为了重要的表演项目，可想而知，当时人们对这种活动的痴迷程度大概不亚于现代这般宁可熬夜也要看球的广大球迷同胞们。

比起现在的足球技巧，宋代的蹴鞠的确更类似于杂耍，那时候大家总结出的蹴鞠技巧叫"十踢法"，分别为"肩、背、拐、搭、控、捺、拽、膝、拍、赚"。还写了歌诀云："肩如手中持重物，用背慢下快回头。拐要控膝蹲腰取，搭用伸腰不起头。控时须用双睛顾，捺用肩尖微指高。拽时且用身先倒，右膝左手略微高。胸拍使了低头觑，何必频频问绿杨。"这样的技术，即使放到现在的足球场上，也不算粗鄙吧。

除此之外，专业的足球俱乐部，或者说蹴鞠球会也在城市里产生了，那时候的球会叫做"齐云社"或者"圆社"，还叫"天下园"。这种球会兴起于北宋。有词赞云："若论风流，无过圆社。

拐肷蹍蹃齐全。门庭富贵，曾到衔廉前。灌口二郎为首，赵皇风流上下传。人都道，齐云一社，三锦独争先。"齐云社在各个城市都有，而且参加齐云社的会员都要遵守《齐云社规》的要求修身养性。齐云社还会传授技术和战术给会员训练，并且制定了详细的比赛规则以及场地大小和设施的样式，而且齐云社还会承办全国性的蹴鞠比赛，名曰："山岳正赛。"这个比赛是一对一"白打"，胜利者由齐云社颁发等级证书"名旗"。当然，如同我们现在考级不能白考一样，那时候参加山岳正赛需要交纳一定数量的金钱作为比赛金，名曰"香金"。经过这个考核之后，社员就可以到各地去进行跑码头比赛，齐云社会免费接待这些跑码头的社员。

马球又叫击鞠、打耀糯或击糯，盛行于唐宋元三代。不过陈思王在《名都篇》里写到："连骑击鞠壤，巧捷推万端。"说明这种运动在三国时期就已经存在。这种运动是游戏者骑在马上，手执一柄头部弯曲的棍子，用棍击打地上的球，最后用筹来计算胜负。技术性和对抗性都非常强，所以在宋代不仅受到了当时皇室贵族的喜爱，在平民中也甚为流行，甚至还成了军队里将校士兵喜爱的运动。

《宋史·礼志》记载了宋太宗与诸王大臣们打马球的盛景："帝击球，教坊作乐奏鼓。球既度，飐旗、鸣钲、止鼓。帝回马，从臣奉觞上寿，贡物以贺。赐酒，即列拜，饮毕上马。帝再击之，始命诸王大臣驰马争击。旗下擂鼓。将及门，逐厢急鼓。球度，杀鼓三通。球门两旁置绣旗二十四，而设虚架于殿东西阶下。每朋得筹，即插一旗架上以识之。帝得筹，乐少止，从官呼万岁。群臣得筹则唱好，得筹者下马称谢。凡三筹毕，乃御殿召从臣饮。"虽说看起来更像是仪式，但是仍然不得不说这种运动大概在那时已经成了生活或者交际不可或缺的存在了。

宋代的马球场长约一千步。在皇宫军营都有专门的马球场，不仅如此，连在民间也有专供马球比赛的场地。所谓"马摇金勒嘶村墅，人抢花毬落野田"。连乡下都有打马球的活动，可想而之那时马球运动是多么普遍。

用杖在马上击球叫马球，而如果在站在地上用杖击球则是另一种非常流行的游戏，叫"步打"。这种游戏有点类似于现在的高尔夫球，流行于唐宋时期。最开始是在后宫女子间流行的游戏，到了宋代，则变成了全民普及的娱乐活动了。

对于广大宅人来说，汹涌的人群简直是世界上最可怕的东西之一。所以找出能在室内舒舒服服躺着、坐着、歪着、窝着消遣的玩意，绝对是在那个没有网络和电视的世界必须要面对的问题之一。若是懒得做这些在室外又跑又跳的运动，闺阁书房里的游戏林林总总也有不少。

比如双陆。

双陆出现于魏晋时期，《事物纪原》言"陈思王曹子建制双陆，置投子二"；而《山樵暇语》则认为"双陆出天竺（也就是现在的印度）……其流入中国则自曹植始之也"。总而言之，双陆在三国时期就已经是非常流行的游戏了，然后历经南北朝隋唐五代，到了南北宋时期，双陆的模样和玩法和曹魏时候已经有了很大的区别。

宋代的双陆分为平双陆、三梁双陆、七梁双陆、打间双陆、回回双陆、广州双陆、真腊双陆、日本双陆、大食双陆、佛双陆等等形式。不过万变不离其宗，总的来说玩法就是用掷骰子来决定棋子移动的步数，然后先把所有棋子移离棋盘者为胜。

那时候双陆的流行程度大概有点类似于现在的扑克

《谱双》书影

《听琴图》　宋·赵佶

牌和麻将。在各地的茶馆酒肆里都有现成的双陆棋盘供客人玩耍，甚至还出现了赌双陆的情况。

宋代的文人一向是要把吃喝玩乐上升到理论和艺术高度的，双陆自然有它自己的专著。比如宋代洪遵著有《谱双》一书，详细记载了双陆的类型、局盘制度、布子格式、行马规则等等，想要学会怎么打宋代的双陆，吃透这本书大概就可以了。

围棋自从出现就受到历代文人雅士乃至官员皇帝的喜爱，宋代出现专门的"棋会"，也就是公开的比赛。而且那时专门有一类"闲人"，最上等的要"颇能知书、写字、抚琴、下棋及善音乐"。这些"闲人"是靠陪伴富家子弟王孙公子下棋抚琴写字取乐而过活的，可想那时围棋应该是一种非常普遍的娱乐方式。

象棋这种游戏出现得很早，但是真正发展流行还是唐

宋时期，特别是到了北宋，象棋已经跟现在的模样差不了太多，有三十二枚棋子，纵十路横九路的棋盘。将帅待在九宫之正中，虽然没有士，但是有偏、俾两棋子。这时候的象棋不仅仅是文人雅士的消遣，更是平民百姓的娱乐，甚至还有专门的"棋师"，连宫廷也设置"棋待诏"管理御用的各类棋手。于是市面上制象棋盘的、制象棋子的店铺也就应运而生了。

骰子戏是从双陆里分化出的游戏，不像双陆那么废脑子，只要根据骰子的大小来决定胜负就好了，所以骰子戏就变成了一个赌博的方法。宋代的骰子戏有"选官图""选仙图""揽胜图""消夜图"等等。拿选官图做例子，骰子戏的玩法有点类似于现在的"大富翁"。简单来说，就是找一张纸画上若干盘绕的路径，然后重点设置许多节点，写上从未入流的到宰相为止的官名，掷骰子决定前进和后退的步数，最后谁先走到最高的官职或者结束时谁的棋子所在的位置官职高为胜。这么看起来，简直就是简化版的大富翁了。那时候连文人墨客都会时不时玩上一把选官图，还有诗云："排衔累职甚分明，除罢皆由彩色行。纵有黄金无好采，也难平白到公卿。""百年穷仕宦，尽在此图中。真假名虽别，升沉理则同。前程如漆黑，末著满盆红。时采毋虚掷，平迁至上公。"诗人们感叹升官难如同玩选官图难，大概不仅仅只是一点牢骚吧。

叶子戏是中国最为古老的纸牌游戏，大概也产生在唐代。最早可见于《同昌公主传》："韦氏诸宗，好为叶子戏。夜则公主以红琉璃盘盛夜光珠，令僧祁立堂中，而光明如昼焉。"以公主之尊，为了玩叶子戏，让人拿出珍贵的夜明珠放在同样价值不菲的琉璃盘里照明，可见这种游戏在她眼里，是非常好玩的。

宋代的叶子戏究竟是怎么样的，已经不得而知了，但是从《宋史·艺文志》来看，跟叶子戏有关的著作有《叶子格》三卷、《偏金叶子格》一卷、《小叶子例》一卷。由此可见，宋代的叶子戏恐怕不是一种打法。《说郛》上说，叶子戏可以做酒令"以叶子行觞，欢场雅事也"。

提起走狗斗鸡玩儿蟋蟀，大概人们脑子里第一个浮现的就是八旗子弟的样子。的确，这些玩意儿在清代已经被这些闲得无聊的老少爷们玩到极致。但是在宋代，斗鸡斗蟋蟀也不是什么很稀罕的娱乐。

斗蟋蟀古称"斗蛩"，出现于唐代天宝年间，宋顾文荐《负曝杂录》云："斗蛩之戏，始于天宝间。长安富人镂象牙为笼而畜之，以万金之资，付之一喙。"最开始这种游戏只流行在王宫贵胄家，到了南宋，又普及到市井平民乃至僧道尼姑之中。除此之外，斗鸡斗鹌鹑都是那时候盛行的娱乐，而且有时还会成为赌博的项目，这更让一些闲来无事的浪荡子弟欲罢不能。

其实比起斗鸡斗蟋蟀，宋代的市民"调教虫蚁"更注重消遣娱乐或者慰藉寂寞。比如梅妻鹤子的林逋时常泛舟西湖，有客人来时，小童就开笼放出仙鹤去唤回林逋，百试百灵。

当时贵胄富人都喜欢驯养鹦鹉，甚至能驯化到心灵相通的地步。宋人笔记《玉壶清话》中就有这样一段故事：

一巨商姓段者，蓄一鹦鹉，甚慧，能诵《陇客诗》及李白《宫词》《心经》。每客至，则呼茶，问客人安否，寒暄。主人惜之，加意笼养。一旦，段生以事系狱，半年方得释，到家，就笼与语曰："鹦哥，我自狱中半年不能出，日夕惟只忆汝，汝还安否？家人喂饮，无失时否？"鹦哥语曰："汝在禁数月不堪，不异鹦哥笼闭岁久。"其商大感泣，遂许之曰："吾当亲送汝归。"乃特具车马，携至秦陇，揭笼泣放，祝之曰："汝却还旧巢，好自随意。"其鹦哥整羽徘徊，似不忍去。后闻常止巢于官道陇树之末，凡吴商驱车入秦者，鸣于巢外，问曰："客还，见我段二郎安否？"悲鸣祝曰："若见

时，为道鹦哥甚忆二郎。"

这位段姓巨商与鹦鹉简直如同一对分离的恋人一般相互思念，让人不由得感叹：这真的让人又相信爱情了。

除去鹦鹉，宋人还会擎鹰、架鹞、调鹁鸽、养鹌鹑、养蛇、养龟，所喜爱调教的飞禽走兽、昆虫鳞介的种类，比起现在五花八门的宠物也差不了太多，而且他们的狂热程度比起现在的宠物控更是毫不逊色。

所以说，根本不用担心自家对宠物的品味会被古代人民诧异，人家时髦得比我们早多了。

宠物控的幸福生活——豢养宠物

书接上回，宋代养宠物的人对宠物们的投入精神一点都不比现在的宠物控们差，现在猫奴狗控干过的事儿，人家早在一千年前全都干过了。

先说说猫。宋代人养猫已经是非常普遍的事情了，就像我们现在管猫叫咪咪一样，那时候的人对猫的爱称是狸奴、衔蝉奴，所谓"牡丹影晨嬉成画，薄荷香中醉欲颠"，那时候的人们很喜欢猫儿们在窗前屋后、花畔草间嬉戏时候活泼可爱的身影，因此也很容易在诗歌中看到猫咪们。无论是"雪猫戏扑风花影"还是"闲看猫暖眠毡褥"，都是现在养猫人家常出现的情景——扑影子的呆猫们和在您工作的时候把您的大腿或者鼠标键盘当毯子睡的猫大爷们。

宋

　　宋代人养猫主要还是为了捕鼠，"白泽形容玉兔毛，纷纷鼠辈命难逃"，"养得狸奴立战功，四壁当令鼠穴空"。反正在古人眼里不管白猫还是黑猫，逮着耗子就是好猫。文人养猫最主要目的尽管也是为了捕捉或驱赶老鼠，但他们的真正目的是为了保护自己的藏书。"裹盐迎得小狸奴，尽护山房万卷书。""自有五白猫，鼠不侵我书。"之所以宋代的诗词歌赋和画卷里多有猫咪的形象出现，恐怕也是因为猫儿捕鼠有功，主人忍不住写上两句赞扬一番。

　　当然，养猫还有一个目的是观赏和排解寂寞。跟现在一样，宋代有一些人，因为宠爱狸奴，顿顿饲喂鱼鳍，于是有人感叹了："但思鱼餍足，不顾鼠纵横。"《夷坚志》里记载了一则故事，非常有趣："桐江民蓄二猫，爱之甚。一日，鼠窃瓮中粟，不能出，乃携一猫投于瓮，鼠跳踯上下，呼声甚厉，猫熟视不动，久之乃跃而出。又取其次，方投瓮，亦跃而出。桐江民耻之。"老猫被人娇养得看见耗子居然会害怕得逃走，真教人哭笑不得。不过这倒也好，未来被人吐槽娇养自家猫老爷的时候，咱可以回答：娇养狸奴，自古有之，何耻之有？

　　《梦梁录》中就记杭州城："猫，都人畜之，捕鼠。有长毛，白黄色者称曰'狮猫'，不能捕鼠，以为美观，多府第贵官诸司人畜之，特见贵爱。"可见那时候专门的宠物猫已经出现了。陆游《老学庵笔记》与田汝成《西湖游览志》都记载秦桧小孙女心爱的一只狮猫丢了，结果秦家动用官府兵吏邻近搜寻，找到了上百只狮猫，却都不是丢失的那只。后来还在茶坊、酒肆等热闹的地方四处张贴这只狮猫的画像，仍然没有找到。

　　那时候如果想要从别人家抱一只猫来养的话，是要准备一份聘礼的。有诗云："秋来鼠辈欺猫死，窥瓮翻盆搅夜眠。闻道狸奴将数子，买鱼穿柳聘衔蝉。"可见，那时候向别人家要猫，是要从街上买一条大鱼，然后用柳条穿着鱼带到原主人家，才能将衔蝉奴聘回家来。宋人之风趣，尽在如此。

　　也许有人会觉得爱猫之人那么多，在宋代搞宠物用品店或者宠物美容店一定石破天惊大赚特赚。但是，不要太

小看宋代发达的商业，连卖洗脸水的都有，怎么可能没有卖宠物用品的呢。《武林旧事》中记录的杭州城的小经纪人的经营项目里有：猫窝，猫鱼，卖猫儿，改猫犬。所谓猫鱼，就是专门的猫粮，而改猫犬，可能就是现在的宠物美容。看吧，宋代强大的小经纪人们，把能赚钱的法子都想绝了，不由让人叹为观止啊。甚至连给猫儿染色，高价贩卖骗钱的事情都有发生，不知是该感叹奸商自古有之呢，还是感叹爱猫成痴的猫控绝对是遗传。

除了猫儿，宋代养狗更为普遍，在乡村里几乎家家有狗。正所谓"不知林下人家密，倚杖忽闻鸡犬声"，"稻穗堆场谷满车，家家鸡犬更桑麻"。在乡村里，鸡犬相闻，《襄阳守城录》载："各家所养之犬，在城外百十为群，有数千只，每遇夜出兵攻劫虏人营寨，则群犬争吠。"可见那时养狗风气之盛。而且那时养犬已经有了理论指导了，《宋史·艺文志》收录有《相犬经》一卷，虽然已经失传，但是大概这书就是当时给犬只分类的书籍。

那时的狗用来看家护院的居多，帮忙狩猎的也有，更有一部分是小巧的宠物犬。比如魏泰《东轩笔录》记载，台官宋禧上言："蜀有罗江狗，赤而尾小，其做如神。愿养此狗于掖庭，以警仓猝。"罗江狗大概在当时是很出名的看家犬，使得御史也要建议皇帝养几只看家护院。

苏东坡聊发少年狂出门打猎的时候，也要"左牵黄，右擎苍"。所谓"左牵黄"的"黄"，指的就是猎狗。这种狗矫健精壮，善于扑咬，所以当时人打猎都喜欢带着猎犬。梅尧臣诗曰："常随轻骑猎，不独朱门守。鹰前任指踪，雪下还狂走。"贺铸词曰："间呼鹰嗾犬，白羽摘雕弓，狡穴俄空。乐匆匆！"于是在这些诗词里，就能看到那些文采风流的文人们，打起猎来的痴迷程度，恐怕不下于武将们。

那时候也有人为狗儿抱不平："饭猫奉鱼肉，怜惜同寝处。

饲犬杂糠粞，呵斥出庭户。犬行常低循，猫坐辄箕踞。爱憎了不同，拘肆固其所。虚堂夜搜搅，忽报犬得鼠。问猫尔何之，翻瓮窃醯脯。犬虽出位终爱主，猫兮素餐乌用汝。"诗人觉得猫儿整天被人怜爱，而狗吃不好，又被主人呵斥，还能尽忠，实在是猫儿比不上的。又有"卧看山云起石根，意行随犬至前村"，"荒犬还迎野妇回"。 看来，古人心里，狗儿怕是主人最忠心的伙伴了。

除了猫猫狗狗，喜欢养鱼的人也不少。"长忆江湖看雨时，插天挂尾玉龙垂。归来老手今无用，养小鱼虾掘小池。"那时多有文人把养鱼当成调剂身心的趣事，于是便在自己家里挖上个鱼池，养起了宠物鱼。清人赵学敏在《纲目拾遗》中说："金鱼自宋南渡始有。"那时候为了满足人们的欣赏趣味，有人专门驯养金鱼，培养更漂亮的金鱼。

李时珍在《本草纲目》中写道："金鱼有鲤、鲫、鳅、鳘数种，鳅、鳘尤难得，独金鲫耐久，前古罕知，自宋始有畜者，今则处处人家养玩矣。"

"金鲫"是宋代最著名的观赏鱼，《能改斋漫录》云："杭之西湖有金鲫鱼，投饼饵则出，然不妄食也。苏子美诗云：'松桥叩金鲫，竟日独迟留。'东坡游西湖诗云：'我识南屏金鲫鱼，重来拊槛散斋馀。'皆记其实。"

这种鱼的培育技术在当时是保密的，"问其术，秘不肯言，或云以阛市洿渠之小红虫饲，凡鱼百日皆然。初白如银，次渐黄，久则金矣，未暇验其信否也。"又或"鱼子多自吐吞，往往以萍草置池上，待其放子，捞起曝干，复换水，复生鱼黑而自，始能成红。或谓因所食红虫而变，然投之饼饵，无有不出，能不食复入者盖寡。岂习俗移人，虽潜鳞犹不能免耶？"现在学过初中生物的人都知道，这其实不过就是人工选择而已，然而在当时，这种技术还是非常奇妙的。

不过根据《梦粱录》记载，当时用来买卖观赏的金鱼已经不能算稀罕事儿了："鱼儿活行，以异样龟、鱼，呈献豪富。""金鱼，有银白、玳瑁色者。今钱塘门外多畜养之，入城货卖，名'鱼儿活'，豪贵府第宅舍沼池畜之。"看起来估

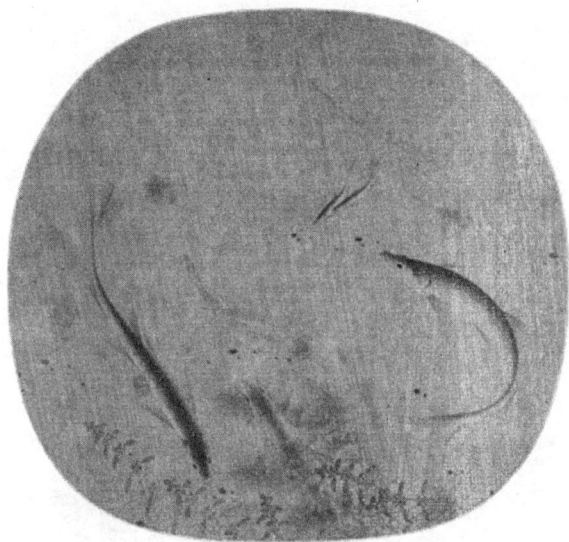

《群鱼戏藻图》 宋·佚名

计一条好看的金鱼要卖上不少钱，所以当时只有富贵人家才能挖鱼池养得起金鱼。

除了鱼池，当时的文人也有用小盆池养鱼把玩的。《靖康要录》记载："上（宋钦宗）聪明仁孝，好学而喜文，自以地逼望崇，每怀兢畏，至讲读之暇，惟以髹器贮金鱼而观之。"髹器就是漆器，红黑相间的漆器衬托着游来游去的金鱼，也足以做一时之乐了，这正是"香杀柑花麝不如，晚窗重理读残书。饥鸟只道无人在，偷觑盆池一个鱼"。其实最适合养鱼的自然是玻璃缸，但是在宋代，透明度很高的玻璃缸还是属于奢侈品，所以当时用玻璃盆或者玻璃壶养鱼还是一件值得写进诗里吟诵的事情。"头角未峥嵘，潜宫号水晶。游时虽逼窄，乐处在圆明。"水晶宫中的游鱼，正迎合了文人们观其自得意的愿望，也算是久在樊笼里，于着一隅能稍稍复得返自然了吧。

水里游的除了金鱼，绿毛龟也是宋代人们喜欢的宠物。

《蓼龟图》 宋·佚名

在宋代初年，绿毛龟还是进献给皇帝的稀罕物，宋太宗至道三年寿州进献一只绿毛龟，结果太祖惊奇地对吕端说："朕观之蚧虫而毛，得非天意有所警戒耶？"

《西湖繁胜录》记载南宋杭州城当时卖龟的品种有"金龟、玳瑁龟、白龟"，当时城里鱼儿活行就是专门卖"异样龟、鱼"给豪富之家的买卖。《墨客挥犀》中记载："京师鬻绿毛龟者，一龟动直数十千。"如此昂贵的宠物，恐怕的确只有有钱有闲的富贵人家才能养得起。不过在文人们眼里，养龟是一件不能用钱衡量的非常风雅的事——文人们所追求的，不过就是"种竹梅松为老伴，养龟猿鹤助清娱"。

【职业】

带点实用知识去大宋做专业精英

一入"行籍"子孙都得为商——做生意

　　如果说宋代有什么职业最适合诗词歌赋样样不懂，四书五经又门门不会的现代人的话，那绝对是经商。宋代的商贸业是开放的，不管什么人，只要您有本钱有魄力，就可以投身商业大潮赚上一桶金。但须知道，除小商小贩外，一旦加入商会组织——行籍，那您就终身为商，而且延及子孙。

　　自从宋朝里坊制逐渐崩溃之后，人们的生活越来越自由，也越来越肆意。这就让都城里的商铺小贩有了用武之地。北宋时的GDP产值占据当时世界的50%，其富裕可想而知。

　　跟前代相比，宋代对商人的政策可以算得上非常之宽松了。除了政府专卖的商品，对商人贸易的限制已经少了很多。比起汉唐来说，商人的地位已经有了很大的提高，虽然宋代初年还禁止

宋

"工商杂类"参加科举考试和做官。但是很快的，"工商杂类人内，有奇才异行、卓然不群者，亦许解送"，商人已经被允许参加科考并出任官职了。

从《东京梦华录》《都城纪胜》《梦粱录》《武林旧事》看，衣食住行是那时居民消费的主要项目。根据《东京梦华录》记载，北宋时候，酒肆茶坊遍布临安城，"绣旆相招，掩翳天日"的正店，也就是比较大型而豪华的酒店有七十二户，其余脚店，也就是小酒家更是数不胜数。茶楼茶坊遍布大街小巷，还有"车担设浮铺"沿街叫卖茶汤，也就是说豪富和平民各有其去处。宋代初年还能崇尚节俭，还鲜少用金银装饰衣服，到了真宗年间，因为当时盛行用金银等贵金属装饰衣服导致金银价飞涨，官府屡屡发出"非命妇不得以金为首饰"，"自中宫以下，衣服并不得以金为饰"这样的诏令，但是这样的诏令并没有什么作用，当时衣饰被形容成"奢荡极靡"，这也导致了在都城里做金银彩帛、各类衣物以及花环领抹这样服饰生意的店铺鳞次栉比，甚至有的店铺从五更开始就点灯做买卖。不只是买卖商家生意红火，都城里的租赁业也随着城里庞大的暂居人口，变成了极为红火的产业。客店、仓库、车船马轿这样的代步工具沿街便有租赁，而且价格非常便宜："寻常出街干事，稍似路远倦行，逐坊巷桥市，自有假赁鞍马者，不过百钱。"

除了吃穿住行，高端一点的精神消费市场也是热闹非常，这大概是因为那时候都城的市民在生活无忧，吃饱穿暖之余，自然要给生活找点乐趣。除了琴棋书画这样的文人雅趣，勾栏瓦肆中的小唱、嘌唱、般杂剧、傀儡、讲史、小说、影戏、散乐、诸宫调、商谜、杂班、弄虫蚁、合声、说诨话、叫果子等等，不管春夏秋冬风霜雨雪皆有上演。而都城众人也都"终日居此，不觉抵暮"。即使被人称为"士庶放荡不羁之所"，也不得不说若不是这些娱乐是十分符合那时市民的口味的，否则也不会流行至此。

由于当时西夏和宋朝关系紧张，所以中原王朝和中亚的商路西北丝绸之路被阻断了，因而海上贸易成了当时对外

《货郎图》　宋·李嵩

贸易的主要方式。终宋一朝，先后在广州、临安府（杭州）、庆元
府（明州，今宁波）、泉州、密州板桥镇（今胶州营海镇）、嘉兴府
（秀州）华亭县（今松江）、镇江府、平江府（苏州）、温州、江阴
军（今江阴）、嘉兴府（秀州）澉浦镇（今海盐）和嘉兴府（秀州）
上海镇（今上海市区）等地设立市舶司专门管理海外贸易。因此
东南沿海的港口成为新的贸易中心。其中广州港、泉州港以及明
州港是最大的三个出海港口。虽然海外贸易既有官府经营，也有
私人的海船，但是总的来说，出海的私人大商贾要远远多于官府
商船，这恐怕也是因为这条商路虽然收益巨大，但是海上行船风
险也是非常巨大的。根据《宋会要辑稿》，在宋代，与当时中原王
朝通商的国家有：占城、真腊、三佛齐、吉兰丹、渤泥、巴林冯、
兰无里、底切、三屿、大食、大秦、波斯、白达、麻嘉、伊禄、故
临、细兰、登流眉、中里、斯伽里野、木兰皮等等。当时的商贾从
各个港口装上瓷器丝绸茶叶等等货物，运到东南亚乃至欧洲换
回象牙、珊瑚、玛瑙、珍珠、琉璃以及各种香料，从中赚取巨额的
利润。当时的进出口贸易税，在高宗年间能够达到二百万贯，大

约是当时宋王朝财政收入的百分之六。而陆路会在边境设立榷场进行贸易，以药材、茶叶、犀角、象牙交换北珠、人参、毛皮、马匹等等。当时宋朝的金融信用好到辽金地区和日本、高丽都弃用自己的货币而改用铜钱，连东南亚和西亚都有使用。

商税分为两种，过税和住税。过税是向行脚的商人征收的税种，而住税是向有固定店铺的商人征收的。而不论是开店铺或者跑商贩货的职业商人，多数要加入行会中，而且加入之后会有特别的装束来区别于其他行业的人。正是"其士农工商诸行百户衣装，各有本色，不敢越外"。比如"香铺人顶帽披背子；质库掌事，裹巾著皂衫角带。街市买卖人各有服色、头巾，各可辨认是何名目人"。这些行会都是被官府控制的，商人们加入行会需要经过官府的批准，而且一旦加入"行籍"，则不能不经过官府的许可而随便退出。这主要是因为需要有足够多的商人来负担官府的科配差役。后来因为差役过重，经常有商户出逃，所以直到免除行户差役，加入"行籍"的商人才逐渐增多起来。但是要知道官府对"行籍"的管理是非常严格的，"人户之挂名籍，终其身以至子孙，无由得脱"。也就是说一入"行籍"，子孙后代都为"行籍"，不得脱离。而一般的外来客商和小商小贩，官府不会用行会来控制。

行会的成立跟官府有直接的关系。当官府需要购买某种货品的时候，就会成立这个行业的行会。但是宋神宗时规定，"官司下行买物，如时估所无，不得创立行户"，官府也不能随意设立行会。比如说卖蔬果之类的店铺本来各属于"菜行"和"青果团"管理，然而官府为了增加税收设立牙行，后来因为"扣除牙钱太多，致细民难于买卖"，所以又不得不废除了这个牙行。行会最主要的职责是"科配"，主要是应付宫廷、官府对各项商品的需要，其性质属于行会商人承担的差役，即行户利用自己的资本和经营的商品，在流通领域轮流着为官府服役，根据各位商户收入多少分摊。当然，科配并不是直接拿走不给钱，而是根据当时的价格付款，但商户要保证货物的质量。商户们拥有一定的定价权，这比前朝直接由官府定价不知强

了多少。但若是没有按时保质完成，官府也会给予惩罚。

除了商人，北宋商业系统中还有一种撮合买卖双方的经纪人，名叫"牙人"。他们主要的工作是说合买卖、代人经商、接受委托、揽纳商税等等，最重要的是，他们在契约买卖和赊欠贸易中的担保是非常重要的。官府要求在签订契约的时候必须有牙人担保，牙人负责监督双方履行合同，并且在产生纠纷时候作为证人。没有牙人担保的契约，若是产生纠纷官府则不会理会。

官府对牙人资格的控制非常严格，"须召壮保三两名，及递相结保，籍定姓名，各给木牌子随身别之，年七十以上者不得充。仍出榜晓示客旅知委"。而招揽生意时，"只可令系籍有牌子牙人交易"。

而牙人的行规规定：不得将未经印税物货交易；买卖主当面自成交易者，牙人不得阻障；不得高抬价例、赊卖物货、拖延留滞客旅，如自来体例，赊作限钱者，须分明立约，多召壮保，不管引惹词讼；如遇有客旅欲作交易，先将此牌读示。如此严格的规定就是为了防止牙人搅乱交易的秩序或者发生蒙骗钱财之类的事件。

所以说，虽然抑商的思想还在，但是在宋代当个商人其实也是件不错的事情，收入高又不打眼，偶尔还能各地跑一跑顺便旅个游，对于广大懒得读书考试无能的群众来说，真是个很好的选择。

文科生敢跟他们比吗——做词人

若是说起宋代文学的最高成就，那毫无疑问非宋词莫属。

总的来说，词的起源与音乐有关。从晚唐开始，词作逐渐开始流行，而到了宋代，词作的成就远远高于诗文。

词能够谱曲配唱，适合文人聚会时候，现场填词，互相唱和，或者叫陪酒的歌姬当场讴歌吟唱。不过词在宋代胜于诗，恐怕很大一部分原因是因为——好诗都被唐人作尽了。

晏殊被称为"北宋倚声家之初祖"。《宋史》评价他："文章赡丽，应用不穷。尤工诗，闲雅有情思。"晏殊生于富贵长于富贵，所作多吟成于花前月下舞榭歌台这般温柔乡里，所以词风闲婉，词语雅丽。诸如"红笺小字，说尽平生意"，"不如怜取眼前人"，"无可奈何花落去，似曾相识燕归来"，"时光只解催人老"云云，和婉明丽中夹杂着伤感，风流蕴藉中流露着多愁的词句，氤氲了宋初词坛。

他的儿子晏几道却不如他爹那样一生平顺，晚年家道中落让他的词风与他的父亲有了微妙的区别，后人言道："北宋晏小山工于言情，出元献（晏殊）、文忠（欧阳修）之右……措辞婉妙，一时独步。"他的词比起他爹，就多了三分伤感，他的词多怀往事，抒写哀愁，这也是后人说"淮海、小山，古之伤心人也。其淡语皆有味，浅语皆有致，求之两宋，实罕其匹"的原因。

当时词坛的另一个领军人物欧阳修，他的词作，也是花

《秋窗读易图》 宋·刘松年

间派那般疏隽深婉的风格，承袭南唐遗风。

柳永在宋词发展史上有着转折性作用。这位奉旨填词的柳三变，毕生作慢词居多，自诩为白衣卿相。他的词，多是写天涯羁旅或者偎红倚翠。"能以清劲之气，写奇丽之情"，而也因为词曲通俗谐婉，因而"凡有井水饮处，皆能歌柳词"。

张先善作慢词，与柳永齐名，因为"云破月来花弄影""隔墙送过秋千影"和"无数杨花过无影"而世称"张三影"。不过比起这三影，那句"沉恨细思，不如桃杏，犹解嫁东风"更是风趣有味道。

之后东坡先生的词又在宋代开了一大先河，不因音律而害词义，又以诗为词，打破了"词为艳科"的局限。词风以豪放著称，后人称"性情之外不知有文字，真有'一洗万古凡马空'气象"，"直觉有仙气缥缈于毫端"。诸如"大江东去，浪淘尽，千古风流人物"，"小舟从此逝，江海寄余生"，"世事一场大梦，人生几度秋凉"之类，读后唇齿留香的诗句，不一而足。

《李清照像》　清·崔错

苏门四学士风格各有不同，黄庭坚工于诗，而秦观工于词，后人说秦观之词是"初日芙蓉、杨柳晓风"。张炎《词源》评价秦观"词体制淡雅，气骨不衰，清丽中不断意脉，咀嚼无滓，久而知味。"——张炎此人诗词存留不多，不过那句"折芦花赠远，零落一身秋"写得倒是颇有味道。

随后周邦彦创立了格律词派。擅长音乐的周邦彦完善了慢词的音律与体制，在他之前，慢词的音律还未定型，而他之后，慢词才有了和谐的音律与严整的格律。不过他的词多写闺情、羁旅和景物，虽然词作"篇无累句，句无累字，圆润明密，言如贯珠"，旧时的词论也盛赞他为"词家之冠"，但是后人也说他的词"当不得一个真字"。

与周邦彦正好相反，李清照的词里有一个活脱脱的李易安。她早期的词局限于闺情，词风婉约清丽，比如那活泼俏丽的"兴尽晚回舟，误入藕花深处"，把一个游玩晚归的少女的情态写得淋漓尽致；靖康南渡后，词多抒写故国之思与身世之变，风格苍凉。诸如"物是人非事事休"，"今年海

角天涯，萧萧两鬓生华"，让人闻之欣赏。后人称其"作长短句，能曲折尽人意，轻巧尖新，姿态百出。闾巷荒淫之语，肆意落笔。自古缙绅之家能文妇女，未见如此无顾籍也"。

而后辛派词悲愤激越，其词在内容上，爱国是基调，又多写乡村的生活。后人评说辛稼轩雄深雅健的词风，是"公所作，大声镗鞳，小声铿鍧，横绝六合，扫空万古，自有苍生以来所无。其秾纤绵密者，亦不在小晏、秦郎之下"。然而正如这个评价所说，辛弃疾的小令也作得颇为妩媚，一句"千金纵买相如赋，脉脉此情谁诉"便可足知。

而后南宋又出现一位格律大家姜夔，新创了《扬州慢》等十余首词牌。他的风格清峭疏宕，立意幽远而声韵和谐，"二十四桥仍在，波心荡、冷月无声。念桥边红药，年年知为谁生！"这般词句比比皆是，但王国维批评他的词是"有格无情"，"终隔一层"。后世史达祖、吴文英、蒋捷、王沂孙、周密、张炎，都是姜派词人，其中以吴文英与张炎成就较高。

总而言之，写词么，首先要熟识各种典故描写，还要精通音律，或者说至少要精通格律，然后还要有真情实感。虽然说，熟

黄庭坚像

姜夔像

《小庭婴戏图》 宋·佚名

读唐诗三百首，不会做诗也会吟，但是对于现代人来说，自己填上一首词，恐怕是跟把四书五经都背熟了差不多困难的事情吧。

别以为古人都是好糊弄的——科学技术

宋代的经济非常发达，文化也极为昌盛，因此宋代拥有极高的艺术水平成为水到渠成的事情，然而与此同时，宋代的科技水平也位列当时世界的最高水平。富裕的宋王朝给

148 ▶▶▶

世界贡献了诸多重要的发明。

李约瑟在《中国科学技术史》导论中认为："每当人们在中国的文献中查找一种具体的科技史料时，往往会发现它的焦点在宋代，不管在应用科学方面或纯粹科学方面都是如此。"那时候的印刷、火药、指南针、天文学、数学、医药、生物学、建筑技术等领域的技术都位于世界领先水平。

在小学，我们就知道，中国有四大发明享誉全世界，而其中三项出现于宋代。活字印刷术在宋代出现，而同时雕版印刷开始广泛地在印刷书籍中使用，因此，得益于印刷的普及，各类书籍频频出版，各地书铺书坊生意兴隆，这也是宋代文化繁盛的一个非常直接的原因。火药和火器在宋代开始使用，并列装到军队中。指南针在航海中广泛使用，这使得宋代的远洋贸易非常发达，近如日本、东南亚，远至阿拉伯、东非，都与宋王朝有着密切的贸易往来。

在广大的穿越小说中，经常有穿越者在古代造个玻璃，弄个火药就挖到了创业的第一桶金，但是如果从史书和考古出土实物上看的话，还是有一定难度的。

中原地区最早的玻璃器产生于春秋时期，最晚在公元5世纪的北魏时期，我国就从波斯引入了独特的玻璃吹制技术。到了宋辽时期，玻璃制品已经比较普及。宋代传世的画作中，已经开始频繁地出现以玻璃为材质的器皿，如台北"故宫博物院"所藏《宋人观音大士》《宋人画十八罗汉图》，宋苏汉臣《婴戏图》，南宋牧谿《观音图》上均出现有玻璃器皿，并存在同时期的考古出土的同样形制的器物与之对应。

此外宋代舆服制度中开始使用玻璃，并称之为药玉。药玉开始成为冠冕、大带等的装饰。《宋史·舆服志》中记载"今群臣之冕，用药玉青珠、五色茸，非藻玉三采、二采之义；每旒之长各八

李纲像

寸……大带，中单，佩以珉，贯以药珠，绶以绛锦、银环……"

而宋代玻璃最主要的用途，是用做佛教的法器。宋辽金时期，玻璃制品在隋唐时期形成的舍利瘗埋葬制度中得以沿袭。特别是宋代，玻璃器绝大多数出土于佛寺塔基，以透明的葫芦形舍利玻璃瓶、杯和热塑艺术制品（如模仿动物和水果的装饰品）最为普遍。这个时期的铅玻璃和传统工艺方法生产的玻璃珠饰，在品种和颜色上都很丰富，但并未成为人们日常生活用品。而在绘画中，玻璃器也多出现在佛教题材中，这是因为玻璃明澈剔透的特征和佛教的教义相符，所以作为佛教八宝之一，玻璃器自然在佛寺地宫遗址中出现得更为普遍。

中国是最早发明火药的国家。火药最初与炼丹术有着密切的关系，在唐朝中期，出现了正式的火药配方，而在唐末宋初，火药开始用于军事。

北宋时东京设立专门制造火药的机构，火药得到充分的地发展，广泛用于军事。公元1000年，宋朝出现了称为"火球"或"火炮"的火器，其原理与现代手榴弹相同。1044年出版的兵书《武经总要》中，已载有霹雳火球、蒺藜火球、毒药火球、烟球、引火球等多种可手投弹药，这可以看做是最

早的手榴弹雏形。1126年，金人围攻汴京，李纲在守城时曾用霹雳炮击退金兵，"夜发霹雳炮以击贼，军皆惊呼"。

所以必须嘲笑一下自以为知道"一硫二硝三木炭"就能糊弄得了古人的无知者。宋代的火器，除了原始一点笨重一点，已经非常有杀伤力了，如果您的专业是制造武器，能够手工打造一把AK47，那么恭喜您，您的用武之地来了，提高宋代军队战斗力并且将冷兵器彻底换装成热兵器的伟大事业就交给您了。

如果要过种田生活，那么千方百计地把先进的农业技术用在自家的田地上是十分正常的事情，虽然在那时候做个杂交水稻之父搞出亩产九百来斤的大米是不太可能，但是在已有条件下，巧手改造也是不错的事情。

稻麦二熟已经普及了，不用再费心普及为嘛一块地一年可以种两回这样的事情。堆肥沤肥啥的和无机物肥料也都出现了，完全不用怕顶着众人诧异的眼神，可以随便把石灰、硫黄、钟乳粉啥的丢到田里。果树嫁接也已经试验成功了，香甜可口的苹果梨绝对可以给您大赚一笔。宋代的男女老少都喜欢簪花，所以催花早开晚开的技术也已经在宋朝的末年出现了。

所以说，千万不要看不起古代人民的智慧。那个广告说得好啊：一切皆有可能。

【婚嫁】

阻挠女子再嫁追求幸福是有罪的

《礼记》"婚礼不用乐"的传统被打破——宋代的婚礼

《周礼》有云:"昏礼者,将合二姓之好,上以事宗庙,而下以继后世也,故男子重之,是以昏礼纳采、问名、纳吉、纳征、请期,皆主人筵几于门外,入揖让而升,听命于庙,而拜迎于门外,入揖让而升,听命于庙,所以敬慎重正昏礼也……敬慎重正而后父子有亲,父子有亲而后君臣有正,故曰昏礼者,礼之本也。"另据《仪礼》载:"昏有六礼,纳采、问名、纳吉、纳征、请期、亲迎。"所以从上古起,无论对平民还是贵族,甚至是皇室,婚姻礼俗都是非常重要的,绝对不能马虎。

任何一桩体面而正式的婚姻,都需要媒人来进行说合,而这些媒人们并不像我们想象的那般浓妆艳抹俗不可耐。那时候给名门望族做媒的官媒都会穿红背子,戴紫幕首,衣着华丽而谈吐文雅,若是不知道她们的职业,恐怕会以为她们是哪家的贵妇人。而中等人家的媒人,头戴冠子,

黄包髻，系把青凉伞儿，也是衣着整洁，谈吐不俗。再次之，就是如同《水浒传》里王婆那样的人物，巧舌如簧，替人拉纤保媒。

正是：开言成匹配，举口合姻缘。医世上凤只鸾孤，管宇宙单眠独宿。传言玉女，用机关把臂拖来；侍案金童，下说词拦腰抱住。调咬织女害相思，引得嫦娥离月殿。

选定了媒人，议婚的第一步是起草帖子，问卜祷签之后，得出男女双方不会相克而适宜成婚的话，回复草帖子就完成了议婚的第一步。

如果双方都满意对方，就要通过媒人通细帖，也就是定帖。定帖其实就是男方向女方显示自家家世的显赫和富裕以及议亲儿郎的基本情况。女方也要在定帖里写明女子的情况和嫁妆的丰厚程度。定帖是放在彩色锦帛衬着的盘子里选在吉日交给对方，双方满意之后，这个亲事才可以继续谈下去。

"然后男家择日备酒礼诣女家，或借园圃，或湖舫内，两亲相见，谓之'相亲'。男以酒四杯，女则添备双杯，此礼取男强女弱之意。如新人中意，即以金钗插于冠髻中，名曰'插钗'。若不如意，则送彩缎二匹，谓之'压惊'，则姻事不谐矣。"

《梦粱录》中这一段文字的意思就是：接下来是男方的长辈或者男子本人去相看女子，叫做"过眼"。一般都是在花园或者湖上画舫中。这时候男方准备四杯酒，女方准备一对杯子，意为男强女弱。而如果男方对女方满意，就送给女方一只金钗插到冠髻中，叫做"插钗"。如果不满意，就送二匹彩缎，美名曰"压惊"。

相完了媳妇儿，如果满意女方，那就需要通过媒人商议定礼，然后去女方家"报定"。在报定时，男方要把珠翠、首饰、金器、销金裙褶、缎匹茶饼，牵送两只羊，还有装上大花的四罐酒樽，用绿销金酒衣或罗帛帖套花酒衣盖上，酒担用红绿缎系上，送往女家。而女方要准备紫罗匹缎、珠翠须掠、筐帕鞋鞍等回定礼物，再用两只空酒罐，放满清水，投入四条金鱼、一双筷子、两棵葱，作"回鱼筷"送往男家。当然，若是女方豪富，则用金银打造鱼筷，用彩帛扎成葱形，代替木筷竹筷和生葱。报定之后，婚礼就已经成了定论，这时候婚礼就进入了实质性阶段。这时候要是碰上了节日，男方要送女方冠、彩帛和酒水果子作为"追节"礼，女方要回送男方女工之类的作为回礼。而在报定之后就要进行下一步"下财礼"了。

宋代市民行事一向很好面子，所以无论聘礼还是嫁妆，都要倾一家之所有。聘礼最基本的组成是"三金"，即金钏、金镯、金帔坠。送不起金器的，也要送银镀金的钏、镯、帔坠。官宦人家还要配送销金大袖、黄罗销金裙、缎红长裙、珠翠特髻、珠翠团冠、四时冠花、珠翠排环，还有细杂色彩缎匹帛，加以花茶果物、团圆饼、羊、酒等物。所以那时候下聘礼又叫"下财礼"，若是家无余财，的确也置办不起这样的聘礼。

当时在婚姻中攀比财富已经成了一种风气。"将娶妇，先问资装之厚薄；将嫁女，先问聘财之多少"，这样的事情司空见惯。因为聘娶而破产或者因为家资不丰难于嫁娶的人家逐渐增多，所以当时的官府曾规定过不同门第的聘礼的多少；上户，金一两，银五两，彩缎六表里，杂用绢四十匹；中户，金五钱，银四两，彩缎四表里，杂用绢三十匹；下户，银三两，彩缎三表里，杂用绢一十五匹。而实在穷困的人家，也会节衣缩食准备彩礼。那些姿色动人的穷家女子，男方会送首饰衣帛等物，叫做"兜裹"。而如果有钱人家的女子，看上某个男人，情愿倒贴，也是常见的事情。

但是不论男方多么穷困，也要准备纳采、问名之礼，而且还要送给媒人缎匹、盘盏、纸币、花红礼盒等礼物才行。

到了迎亲前三日，男方开始附送催妆礼，包括花髻、销金盖头、花扇、花粉盘、画彩线果等等，女方回送罗花幞头、绿袍、靴笏等等，到了迎亲日，"下财礼"才真正结束。

然而在迎亲前还有一件非常重要的事情需要做，那就是"铺房"。男方在新房里设置好了床铺桌椅之后，女方准备好各种被褥帐幔，然后去男方家将准备好陪嫁的器具珠宝

幔帐摆设好,这就是女方向男方家夸耀财富的机会,而公主嫁人时候的房奁,化身傻爸爸的皇帝们也会特地炫耀地下旨让文武百官去驸马府围观。

　　迎亲这天是婚礼程序中最热闹的一天。男方定下时间,带领数个"行郎"各自拿着花瓶、灯烛、香球、沙罗洗漱、妆盒、照台、裙箱、衣匣、青凉伞、交椅等等,带着乐队吹吹打打地去迎亲。在迎亲的人到来之前,女孩子要先拜别父母和祖宗,这个仪式有一套惯用的吉利话:"今朝我嫁,未敢自专。四时八节,不断香烟。告知神圣,万望垂怜。男婚女嫁,理之自然。有吉有庆,夫妇双全。无灾无难,永保百年。如鱼似水,胜蜜糖甜。"

　　女方要摆酒招待男方的"行郎",然后散发花红、阴跌、利

《歌乐图卷》　宋·佚名　正作表演前准备的乐伎

市钱讨吉利。然后请来的乐队中的乐官会奏起催妆的音乐，还有"克择官"报时，茶酒司仪互念诗词，催促着新娘出门。

说到乐队就不得不提，如果根据《礼记》的记载，"婚礼不用乐"，传统的婚礼应该是没有音乐的。一直到了北周，才出现"嫁娶之辰，多举音乐"的记载，然而嫁娶时候奏乐一直都是被禁止的事情。直到宋代才逐渐解禁。但是还有文人感叹"近俗，六礼多废，货财相交，婿或以花饰衣冠，妇或以声乐迎导，猥仪鄙事，无所不为，非所以谨夫妇严宗庙也"。

新娘在三催四请摆足了架势之后，终于上车了，然而赶车抬轿的人却赖着不走，念起了讨赏的诗句："高楼珠帘挂玉钩，香车宝马到门头。花红利市多多赏，富贵荣华过百秋。"等到拿了花红利市钱，才肯启程。

快到男方家门口的时候，迎亲的人会在男方再讨要一次花红利市钱。这回拦门的讨钱诗又变了："仙娥缥缈下人寰，咫尺荣归洞府间。今日门阑多喜色，花箱利市不须悭。绛绡银烛拥嫦娥，见说有蚨办得多。锦绣铺陈千百贯，便同萧史上鸾坡。拦门礼物多为贵，岂比寻常市道交。十万缠腰应满足，三千五索莫轻抛。"当然男方家也不是吃素的，立即回道："从来君子不怀金，此意追寻意转深。欲望诸亲聊阔略，毋烦介绍久劳心。洞府都来咫尺间，门前何事苦遮拦。愧无利市堪抛掷，欲退无因进又难。"然后克择官或者阴阳先生抛洒五谷豆钱彩果，引得周围邻居家的小孩儿竞相拾取——据说是为了"厌青羊等杀神"。因为青羊、乌鸡、青牛这三煞在门，新人就不能进门，否则就会损尊长及无子。

之后车轿下铺上青锦褥或青毡花席，一个女子捧一面镜子在前面倒行，数个女子举着莲炬花烛在一边引导，旁边还有两个亲近的侍女扶持新妇下车轿，踩着地上铺好的席子行走。先跨过一个马鞍，意为"平安"。之后再从秤上迈过，从大门进入。到一间挂着帐子的房间里稍事休息，叫做"坐虚帐"，或者直接在新房的床上休息，叫"坐富贵"。这时候男方的亲戚会接待女方的亲戚"亲送客"。"亲送客"会迅速地喝掉三盏或者五盏酒退走，这叫做"走送"。

然后女方就要把穿绿衣裳、戴花幞头的新郎迎出来了。一般是在中堂放一个高座，媒人、女方的姨母或者舅母、岳母各斟上一杯酒请新郎饮下，三次之后新郎才能从高坐上下来，这叫做"上高坐"。这个礼节是婚礼上非常重要的步骤，没有这个步骤会被宾客们认为非常失礼。

新郎从高座下来之后，会被引到房间与新娘一起"坐富贵"。新房房门上的彩帛这时候已经被众人争抢着撕碎了，叫"利市缴门"。

这时候礼官就要请新人下床出房，新郎手持槐简，身披红绿的彩帛，挽着同心结倒走引导新娘。新娘把同心结挂在手上，随着新郎缓缓前行，即"牵巾"。就像林逋有诗言："罗带同心结未成。"诗中那对男女相互倾慕，却最终没能成就婚姻，这就是所谓的"同心结未成"。

新郎新娘走到堂前，要请"男家双全女亲"用秤或机杼挑开盖头，这时候宾客和亲戚就看到了新娘的面容。之后新郎新娘要参拜男方的祖先家庙和父母亲戚。参拜之后，女子手执"同心结"倒行牵引新郎回房，交拜礼后，再次坐床。

这时候又该礼官出场了，礼官用金银盘子承装金银钱、彩钱、杂果酒在床帐里，祝愿新婚夫妇吉祥如意早得贵子，叫做"撒帐"。撒帐的时候，礼官会说一整套喜庆吉祥的套话，叫"撒帐致语"，云："窃以满堂欢洽，正鹊桥仙下降之辰；半夜乐浓，乃风流子佳期之夕。几岁相思会，今日喜相逢。天仙子初下瑶台，虞美人乍归香阁。诉衷情而款客，合欢带以谐和。苏幕遮中，象鸳鸯之交颈；绮罗香里，如鱼水之同欢。系裙腰解而百媚生，点绛唇偎而千娇集。款款抱柳腰轻细，时时看殢人娇羞。既遂永同，惟宜歌长，寿乐是夜也。一派安公子，尽欲贺新郎。幸对帐前，敢呈抛撒。"礼官一边说着，一边把盘子里的喜果分别抛向东、西、南、北、上、中、下、前、后。同时唱道："洒帐东，帷幕深围烛影

红，佳气葱笼长不散，画堂日日醉春风。洒帐西，锦带流苏四角低，龙虎榜
中标第一，鸳鸯谱里稳双栖。洒帐南，琴瑟和鸣乐且耽，碧月团娈人似玉，
双双绣带佩宜男。洒帐北，新添喜气眉间塞，芙蓉并蒂本来双，广寒仙子
蟾宫客。洒帐中，一双云里玉芙蓉，锦衾洗就湘波绿，绣枕移就琥珀红。洒
帐毕，诸位亲朋齐请出，夫夫妇妇成有家，子子孙孙乐无极。"

　　撒帐之后，侍女用红绿丝帛结成的同心结托在两个酒盏的盏底，新
郎新娘互饮一盏，这就是交卺礼。在交卺礼时候，礼官要念合卺诗："玉女
朱唇饮数分，盏边微见有坏痕。仙郎故意留残酒，为惜馨香不忍吞。"之后
两个杯子要一仰一覆放在床下，寓意吉祥如意，阴阳和谐。然后新郎从左
边，新娘从右边剪下一绺头发，绾在一起，为"合髻"。这种流传了千年象
征生死相随白头偕老的婚礼仪式在宋代已趋于完善。之后，新郎用手摘
下新娘头上的花，新娘解开新郎衣服上的绿抛纽。然后掩上帐子，新人换
妆。宋代文风昌盛，所以新人换妆的时候，女方要求男方写"催妆词"也
是平常的事情。很多时候，其貌不扬的新郎会因为文思敏捷而获得女方的
赞赏和青睐。新人换妆之后，礼官引着新人到中堂行参谢之礼，接受亲朋
好友的庆贺。然后男女双方的长辈亲戚行"新亲之好"礼。入礼筵，饮五杯
酒，然后到别间歇息，闲聊亲戚情义，再入礼筵，饮四盏酒。整个迎亲日到
此结束。

　　当然整个婚礼的过程并没有结束。北宋时期，结婚第二日并没有什么
仪式，而南宋则要在第二天五更时，在桌子上放上一个镜台让新娘参拜，
叫做"新妇拜堂"。然后再拜父母亲戚并奉上做工精细的彩缎鞋、枕。作为
"赏贺"。新娘的公婆要回赠一匹布叫"答贺"。而女婿要去女子家拜见，
叫做"拜门"。婚礼第二日去，叫"复面拜门"。如果没有这
个能力，在三天七天的时候去拜门都可以。在女方家，女婿
也要献上和新娘一样的"赏贺"。女方父母也回以一匹布做
"答贺"。女方家里会摆酒席招待新女婿，酒席结束还要请
吹鼓乐手送女婿回家。

《女孝经图》 宋·佚名

　　而新婚第三日的婚俗在南北宋时期差不了太多。在这一天，女方要准备冠花、彩缎、鹅蛋，以金银缸儿盛油蜜、茶饼鹅羊果物等礼物送到男方家，叫做"三朝礼"或者"蜜和油蒸饼"。然后这一天女方的亲戚会到男方家吃酒，叫做"暖女"。然后在第七天女方会把新婚的女子接回家叫"洗颜"。晚上，新婚的女子带着女方家长送的彩缎头面花冠合食之类的礼物回到男方家。到了新婚一个月的时候，女方送"弥月礼合"，男方摆酒，招待亲朋好友，叫做"贺满月会亲"。

　　至此，婚礼的所有仪式才全都结束。

女子再嫁是常事——宋朝的离婚制度

如果说宋代的女子被冤枉了一千年，其实一点都不冤枉。被宣传得沸沸扬扬的程朱理学，似乎给我们一个宋代的女子们都活在水深火热之中的感觉。其实在朱熹在世的时候，他的学说根本没有得到政府的承认和重视，朱熹自己也一直身为外官，并没有在中央担任官职。从《宋刑统》来看，宋代的女子地位，还是很受法律保护的，虽然这个保护力度比起男子来说，逊色了很多，但终归还是存在。

比如在未出嫁之前，未嫁的女子和男子享有同样的继承权和地位。《宋刑统·斗讼律》规定："诸殴兄姊者，徒二年半，伤者徒三年，折伤者流三千里，刃伤及折支若瞎其一目者绞，死者皆斩，詈者杖一百。……若殴杀弟妹及兄弟之子孙、外孙者，徒三年。以刃及故杀者，流二千里。过失杀者，各勿论。"殴打了兄姐的罪过比殴打弟妹要大，这也就是说，一家子之中女孩子并没有受到什么歧视，而是由家庭里长幼来决定一家中的地位的。如果未嫁的女子的父母死了，可以继承一定量的财产，"姑姊妹在室者，减男聘财之半"。也就是说，未嫁的女子，也具有继承权。

而出嫁之后，女子就远不如在娘家那么舒服了。虽然《礼记》里说婚姻是"合二姓之好，上以事宗庙，下以继后世"，但是总归来说，嫁人总是要受气的。

宋代的法律承袭唐律，或者说，中国的法律一直秉承着一夫一妻制——因为在人们的观念和法律上来说，妾，不是

妻子。

    妾媵制度，在中国古代是合法且源远流长的。中国古代的婚姻制度，应该说是一夫一妻多妾制。原本媵是指随同女子出嫁的妹妹或侄女，这种习俗在战国之前比较流行，之后媵就成了妾的一种，而不再指随女子出嫁的姐妹，而是指较为高贵的妾。而妾是男人在正妻之外合法迎娶的女人。《宋刑统》就规定"五品以上有媵，庶人以上有妾"。也就是说，迎娶妾媵在宋代是很正常的事情，唯一的限制，不过是男子的社会地位和家庭经济状况而已。

    外室，也就是外妇，是指未经媒妁之言和明媒正娶而私下结合的男女。在宋代外室也已经开始趋于合法了。那种正房夫人不点头，小妖精就进不了门的日子已经一去不复返了，即使作为妻子，不愿意让丈夫娶某个女人为妾室，男子也可以在外面把那女子作为外室养起来，有点像现在的"包二奶"。

《女孝经图》 宋·佚名

不爽吧，不爽也要忍着，折腾起来，要是万一丈夫是个白眼狼，直接找理由休了您，那简直是再简单不过的事情了。

宋代有三种离婚方式："七出""义绝"和"和离"。总的来说，总是男方比较占便宜。

首先，"七出"也就是传说中的休妻，是指古代法律规定的，男方可以名正言顺休妻的七个理由。最早见于《大戴礼记》，即"七出者，依令，一无子，二淫泆，三不事舅姑，四口舌，五盗窃，六妒忌，七恶疾"。此外，何休在《十三经注疏·公羊传·庄公二十年》的注里，对此作过具体解释："无子弃，绝世也；淫泆弃，乱类也；不事舅姑弃，悖德也；口舌弃，离亲也；盗窃弃，反义也；嫉妒弃，乱家也；恶疾弃，不可奉宗庙也。"历朝历代虽然顺序和用词有所区别，但基本内容就是这七条。

所谓无子，也就是生不出儿子让夫家绝嗣，这在古代是极大的罪过。不过也不是年纪轻轻生不出儿子就会被休掉。《宋刑统》规定："妻年五十以上无子，听立庶以长，即是四十九以下无子，未合出之。"也就是说，女子到了五十岁无子才够得上被休的水平，而这时就可以给庶长子继承权了。

淫泆么，顾名思义，就是……咳咳，人家都明白的意思。看见除了自家男人之外的美貌青年或者帅大叔，默默地在心里花痴一下，只要不让人知道，就没啥事，但是如果想学一下潘金莲，那对不住了，男方想要休您这简直是送上来的理由。

不事舅姑，是指不孝顺公公婆婆，也有可能是公公婆婆不喜欢这个儿媳妇，直接告诉儿子，儿媳妇不事舅姑。比如说像陆游和唐婉那种情况，小夫妻感情再好，也架不住婆婆不待见。所以说，这条就要考验儿媳妇的情商和智商了，怎么把公公婆婆哄高兴，自古就是一大难题。

口舌，是指整天说闲话搬弄是非，包括跟夫君妯娌小姑于外加邻居们吵架。坑爹吧，连掐架都被禁止了，被欺负只能忍着了。

盗窃，偷盗他人的财物这个的确是人品问题，但是要注意，拿夫家的财物，也属于偷盗。因为妻子对夫家的任何财

富，都没有所有权。《礼记·内则》曰："子妇无私货，无私蓄，无私器，不敢私假，不敢私与。"也就是如果您在夫家把不属于自己嫁妆的财物私自收藏或者拿去送人，是属于违反妇道的行为。

嫉妒，被认为是"乱家"的行为。当时的社会，优秀的妻子看见自家男人喜欢别的女人要微笑着帮自家男人把那女的娶进门，然后心甘情愿地养便宜儿子女儿——这简直是坑爹坑到姥姥家了。可以想象当时的姑娘们是如何咬碎一口银牙，生生地把满嗓子老血咽回去才能做到不嫉妒的。

恶疾，根据《公羊传·昭公二十年》何休注，"喑、聋、盲、痫、秃、跛、不逮人伦之属也"，也就是妨碍生活，且不美观的疾病。妻者，齐也，作为妻子的职责之一，就是"传家事，承祭祀"，而身染恶疾的妻子，是无法和丈夫一起祭祀祖先的。

《宋刑统》书影

上面七条，是男子可以休妻的理由，然而与此同时，还有三条男人不能休妻的理由，也就是"三不去"：

第一，经持舅姑之丧不去。在公公婆婆死后，如果妻子按照礼法给他们服过丧，则男子不能休妻。

第二，娶时贱后贵不去。话说很多男人最不要脸的地方就是所谓的"富易妻贵易交"。有钱了就不知道几两重想要休弃糟糠之妻，所以中国的礼法直接规定，贫贱时候迎娶的妻子是不能随便休弃的。说起来，这一点比现代的法律还要先进和人性化，真心值得学习。

第三，有所受，无所归不去。简单来说，就是妻子被休之后，无收入无生活来源是不能休妻的。也就是说，如果夫家无力归还妻子的嫁妆，或者妻子娘家已经没人可以依靠了，是不能随便写下休书的。这也是保护女子们权益的重要的依据。

"义绝"是一种官府强制夫妻双方离婚的判决。如果夫妻双方任何一方或者其亲属做出有违夫妇之义的事情，官府便会强制这对夫妻离婚。如果当事人不主动离婚，官府就要追究其罪责。

《宋刑统·户婚律·和娶人妻》规定了以下几种情况，是要被判处"义绝"的：

义绝谓殴妻之祖父母、父母，及杀妻外祖父母、伯叔父母、兄弟姑姊妹；若夫妻祖父母、父母、外祖父母、伯叔父母、兄弟姑姊妹自相杀；及妻区罶夫之祖父母、父母，杀伤夫外祖父母、伯叔父母、兄弟姑姊妹；及与夫之缌麻以上亲若妻母奸；及欲害夫者，虽会赦皆为义绝。

翻译一下就是在以下情况下，官府会判决夫妻双方必须分开：

①丈夫殴打妻子的祖父母、父母，或者杀死了妻子的外祖父母、伯叔父母、兄弟姑姊妹；

②夫妻双方的父母、祖父母、外祖父母、伯叔父母、兄

《女孝经图》 宋·佚名

弟、姐妹、姑相互杀害；

　　③妻子辱骂殴打丈夫的外祖父母和父母，或者伤害乃至杀死夫家的外祖父母、伯叔父母、兄弟姑姊妹；

　　④妻子与夫家五服之内服缌麻以上的近亲通奸，丈夫与岳母通奸；

　　⑤妻子想要谋害丈夫。

　　仔细看一下，还是妻子比较吃亏，妻子辱骂丈夫的父母祖父母就要义绝，而丈夫辱骂妻子长辈则并不构成义绝。妻子与丈夫亲属有染就要义绝，而丈夫跟妻子家除了岳母之外的亲戚有染则不构成义绝。妻子想要谋害丈夫就要义绝，而丈夫想要害死妻子则不构成义绝。看来，即使是义绝，也更加维护男子的权益。

　　最后一种离婚方式是"和离"，和离是指夫妻双方自愿分开。《宋刑统》规定"若夫妻不相安谐而和离者，不坐"，又云"彼此情不相得，两愿离者，不坐"，也就是说，夫妻双方如果觉得与对方不和，则可以分开。然而，在宋代案例集《清明集》中说："夫有弃妻之理，妻无弃夫之条。"也就是说很多情况下，和离的前提必须是男方同意离婚，而女方是没法提出离婚的。然而宋代法律里其实也稍稍考虑过女子的立场，如果丈夫外出三年不归，六年不通问，或者逼妻子为娼或出卖妻子人身，准妻改嫁或离婚。丈夫犯罪被处以流刑或被处以其他刑罚而移乡编管，其妻可以离婚。这虽然不能算多为女子着想，不过也聊胜于无了。

结果看来，离婚的三种方式，全是女的吃亏，然而仔细想想，古往今来都是如此，在婚姻里，啥时候都是女的比较吃亏。

离了婚，还可以二婚。虽然一提起宋代，人们总是不由自主地想起"饿死事小失节事大"。其实这句话在宋代还是一句空话。宋代改嫁的女子多了去了，从范仲淹他妈、王安石的儿媳妇到陆游的表妹，通通改过嫁。宋代的法律并不阻止离婚或者死了男人的女子再嫁，反而阻挠女子再嫁在律法中是属于有罪的。甚至朝廷表彰的节妇，也就是行为可以成为当时模范的女子中，也不乏有再嫁之身。比如某个被金人掳走的卓氏，在金兵撤退的时候趁机拔刀砍死了掳走她的金兵，去找前夫团圆。而另一位受表彰的女子，在夫死再嫁"居三年，生二子"之后，发现后夫是杀害前夫的凶手，马上就"走投保正，擒盗赴官"。这二位当时都是节妇的典范，所以可以说，那时候再婚并不是什么大不了的事情，甚至因为连年征战，宋朝官府对寡妇再嫁，是抱持鼓励态度的。

寡妇对自己名下的嫁妆是有绝对的控制权的，所以再嫁这种从一个火坑里蹦出来，再蹦进下一个火坑这种事儿，真心的要慎重啊。

憋屈的半辈子过去了，好不容易熬到儿子出生，恭喜您，您的生活马上要好起来了。特别是当儿子娶了媳妇儿之后，廿年媳妇熬成婆，舒坦的日子马上就到了。

历朝历代十恶不赦里都有恶逆和不孝两条。恶逆是

"谓殴及谋杀祖父母、父母,杀伯叔父母、姑、兄、姊、外祖父母、夫、夫之祖父母、父母者",不孝"谓告言诅詈祖父母、父母,及祖父母、父母在,别籍异财,若供养有阙,居父母丧,身自嫁娶,若作乐、释服从吉,闻祖父母、父母丧匿不举哀,诈称祖父母、父母死"。

在古代社会里,如果作为家长的男子去世,在很大程度上,寡母会成为一定程度上的家长,对儿女的婚姻和家产的管理都有决定权。

也就是说,在宋代,嫁人之后是最受气的阶段,等到生了儿子就开始解脱了,等老公死了儿子长大了,幸福的生活就开始了。掰手指算算,辛辛苦苦熬个二三十年,大概就可以过上解放后的生活了——说着说着,突然油然生出一股深切的同情——在宋代当女人,太辛苦了。

叁

人 部

一般来说，穿越分两种，一种是处心积虑准备充分目的明确的穿，另一种是倒霉催的喝凉水都塞牙缝上个WC都能从马桶穿了。无论是哪种，到了目的地，最重要的事情就是确定自己所在的副本类型。

如果是武侠副本，那就尽量往终南山啦、少林寺啦、古墓啦、悬崖啦之类的地方去，《少林七十二绝技》《九阴真经》《九阳真经》在挥着小手帕召唤您。

如果是言情耽美副本，那么恭喜您，大概您不会为生计发愁了，赶快去研究"七出三不出"的法条外加琢磨琢磨靠什么发家致富吧。

如果是历史争霸副本，那么变法图强，整顿禁军，挥师北上的伟大任务就交给您了。澶渊之盟、靖康之耻这般惨烈的战事，全靠您来扭转乾坤……

好吧，既然到了宋代，总要明白自己能干啥吧。想要种田的，需要找个合适的男/女主角做另一半，万一所托非人，那简直就是——穿越千年自找坑爹啊。若是要争霸，那更需要找个合适的皇帝为主——除非您自己能穿成皇帝，或者有可能成为皇帝。因此，下面就要给出最适合支持您做出一番功业，或者谈一场感天动地的恋爱，再或者平平淡淡的与之白头偕老的宋人们了。

赵祯

赵祯——最佳温柔男主or男配宋仁宗

宋仁宗,讳祯,排行第六。故曰赵老六。

对于这位皇帝,大部分人对他的第一印象除了"包爱卿",大概就是"狸猫换太子"了。姑且先不论这事儿的真假,赵祯本人就是个非常值得一说的人物。

如果说起中国历史上最厚道最好脾气乃至惯得臣子蹬鼻子上脸的皇帝,仁宗排第二,那绝对不会有皇帝争得了第一。即使在脱脱修的槽点无数的《宋史》中,也不吝给他一个"天性仁孝宽裕"的评语。当然,后面还有一句"喜愠不行于色"——至于您乐意理解成心机深沉还是满脸天然呆,那就要看您刷的是《少年包青天3》副本还是《包青天》副本了。

话说赵祯即位的时候年纪不大,所以当时的太后,也就是他爹的爱妻章献皇后"设幄次于承明殿,垂帘以见辅

宋仁宗赵祯　　　　　　　宋仁宗后

臣"。要知道，一般垂帘的太后有两种：一种是孝庄那种，平衡庙堂辅佐小皇帝，然后等小皇帝长大了，还政身退，名传千古；还有一种就是吕后那样的，独揽大权，欺凌宗室，最后也是另一种意义上的名传千古。而这位刘太后，大概正好介于这两者中间。她既想在某种程度上控制刚登基的小皇帝以稳定自己的权力，却似乎又并没有牝鸡司晨效法则天皇帝的意图。所以这就造成了这位太后某种意义上的偏执——比如插手小皇帝的婚事。

　　赵祯他这辈子既没有一个姓柴的青梅，更没有一个叫丝言的跟包大人有过暧昧的郡主做皇后。如果非要给赵祯找个初恋的话，那应该是王蒙正之女。从史书寥寥数字的记载中，可以得知这位女子应该是容姿绝世到让小皇帝一见钟情。但是刘太后认为王氏"妖艳太甚，恐不利少主"，便将这位女子许配给她的前夫刘美（本叫龚美）的儿子刘从德。这恐怕是赵祯对刘太后不满的开始。

　　不得不说，多情是赵祯的优点，却也是他的缺点。他的多情用在国事上，造就了温情脉脉的政治风气，然而对于后宫的女子来说，这种多情在某种意义上却是悲剧的源头。

　　老六原配的皇后姓郭。这位皇后是刘太后选给他的，然而老六似乎更喜欢美貌的张美人。这很容易理解，少年人么，"知好色和慕少艾"是很正常的事情。但是他在决定立张氏为后的时候，却遭到了刘太后的强烈反对。诚孝如赵祯自然不能对嫡母刘太后表达他的不满。所以可以理解，他与郭皇后之间的关系为什么会那般水火不容了。当怨愤积聚到临界点的时候，冲突发生了。

对一个皇后来说，需要的可能更多是皇帝的尊敬而不是宠爱。但是俗话说得好啊，举案齐眉到底意难平。其实作为皇后不许皇帝去别的妃子那里，撑死了被大臣或者太后认为不贤、嫉妒，也不是什么大不了的事情，但是这件事情却引起了赵祯的不满。作为青春期中二病严重发作时期最明显的泄愤途径，夫妻吵架其实也不算一件大事儿，但是当皇后打伤了皇帝的时候，废后也就必须提到日程上了。这次废后是赵祯这辈子少数强硬而任性的决定，他甚至不顾那群已经闯到寝宫进谏的官员，甚至发下"伏阁请对，盛世无闻，孔道辅等冒昧径行，殊失大体"这样的诏书，将孔道辅和范仲淹贬黜出京城，其他进谏大臣罚俸半年。废后之议因此而定："皇后以无子愿入道观，特封其为净妃、玉京冲妙仙师，赐名清悟，别居长宁宫以养。"

但是在已经册立了下一位皇后之后，多情的赵祯又想起了郭氏，有点后悔年少时的冲动。估计他对郭氏也并不是没有感情，便忍不住遣使探问，并写了一首乐府诗给郭氏，而郭氏的回答也颇为怆恺，估计"长门自是无梳洗"之类的话没少说。而且据说赵祯曾经密令将郭氏召回，但是这位彪悍得急了会巴掌扇人的皇后娘娘回答道："若再见召者，须百官立班受册方可。"颇有点宁为玉碎不为瓦全的意思。后来郭氏生病，仁宗还派阎文应带医生前去诊视，但是数日后，郭氏暴薨。从当时宫廷内外到现在的研究，都有人怀疑阎文应下毒。在郭氏死后，赵祯追复她为皇后，但没有谥册祔庙之礼。

郭氏被废的直接导火索，是对郭后不敬，导致皇后爆发去揍人，乃至不小心误伤老六的尚美人，和很有可能一直在一边煽风点火的杨美人。在不久之后，这两位美人因为勾引

小皇帝沉迷房事导致皇帝生病乃至卧床不起——甚至可以怀疑，仁宗的不孕不育症，大概就是这次卧病的后遗症——被大怒的杨太后（刘太后崩逝后，遗诏命尊杨太妃为皇太后）下懿旨遣送出宫。很有趣的是，这位把两位美人送出宫的人，正是阎文应。

赵祯的第二个皇后是大将曹彬的孙女，然而这次也是妥协的结果，大臣们需要一个出身高贵的皇后。于是赵祯再次屈服于大臣们的意见。

对于曹皇后，史书不吝于赞美："性慈俭，重稼穑。"爱好是在禁苑里"种谷亲蚕"，还写得一手好飞白。我们对这位女子最熟悉的一件事，大概只是这位睿智的女性把苏东坡从乌台诗案的牢狱之灾里捞出来。

这位将门之女并不只是一味的贞静。史书记载，庆历八年（1048）正月，卫卒作乱，杀人禁中。正巧这日帝后同寝，于是我们在史书里看到这位皇后冷静机智的一面：她一面安抚准备出逃的仁宗，一面从容不迫指挥侍女宦官搬兵救驾，预防贼人纵火，并在阵前"亲翦其发以为识，谕之曰：'贼平加赏，当以汝发为证。'故宦者争尽死力"。

然而当事态平息之后，仁宗却似乎忘记了曹皇后所做的一切，他告诉辅臣"宫庭之变，美人张氏有扈跸功"。这下连大臣们都看不下去了，"夏竦即倡言宜讲求所以尊异之礼。宰相陈执中不知所为，翰林学士张方平见执中言：'汉冯婕妤身当猛兽，不闻有所尊异。且舍皇后而尊美人，古无是礼。若果行之，天下谤议必大萃于公，终身不可雪也。'执中瞿然而罢。"

但是大臣们的建议终究没有打消仁宗给张美人升位的决心。不得不说，在张美人的事情上，老六表现出的偏执甚至到了不讲道理的程度。

曹皇后似乎一直处在退让隐忍乃至淡然的状态，让人甚至于会猜想，她是不是因为对赵祯的爱情和生育能力不抱任何希望，才会淡然地安心养育年幼入宫中作为嗣子的英宗。

甚至在面对张贵妃飞扬跋扈地借皇后的车盖出游这样的时候，曹皇后的反应都是安然而平和的，她不假思索地把车盖借给了她。这时候仁宗的理智却回来了，他说道："国家文物仪章，上下有秩，汝张之而出，外廷不汝置。"即使是这样，他也并没有指责张贵妃的意思。

在朝廷上，赵祯的心思甚至也会被张贵妃搅乱。张氏曾经请求皇帝任命伯父张尧佐为宣徽南院使，这件事被群情汹涌的谏官阻止了。可张贵妃却不依不饶，仁宗只好继续操办。就因为这件事，包大人指着仁宗的鼻子一阵臭骂，而且还在激动之下喷了老六一脸的吐沫。这事儿到了这种情况，自然不能成功，这时候赵祯才收回成命。

也许是上天不愿意赵祯做一个美色误国的昏君，张贵妃在三十一岁时就病逝了。仁宗用皇后的规制安葬了张贵妃，无视谏官的讥讽追封她为温成皇后，向世人昭示他心中最重要的女人是谁。

曹皇后似乎不为这些所动，她安心养育着年幼的英宗，然后以太后、太皇太后之尊屹立两朝不倒，这都是后话。

对于赵祯来说，有曹氏这样睿智而淡然的女性作为皇后，是他的幸运，然而曹皇后的不幸，却又有谁来怜惜她。

抛开这些不清不楚乱七八糟的纠葛，赵祯的确是个，或者说努力在做个好皇帝。

宋代的政治体制决定了其庞大的官僚队伍，募军制度决定了膨胀的军队规模，这些注定了赵祯在政治上的循规蹈矩，也许他自认为并不是什么奇才，也没有什么过人的文韬武略，所以他的执政作风是温和而怜悯的。普通百姓所求不过温饱，赵祯心中所想，亦是如此。

"劝课农桑""宽刑省赋"这样传统的延缓危机的方法，贯穿仁宗一朝。停止进献奇珍异宝，允许百姓在山川水

泽中打猎砍柴为生，诏令官府不得与民争利。重设义仓，给付葬尸钱。允许商人子弟参加科举，宽恕大臣们的过失并广于纳谏。如果一个皇帝能做到这些，那么其实他已经是一个非常成功的明君了。

赵祯明白国家财政的困难，所以生活得也非常简朴。在某一次私宴上，他看到桌子上的蛤蜊，问道："安得已有此耶？其价几何？"听了下人回答蛤蜊的价格之后，赵祯非常不高兴，说道："我常戒尔辈为侈靡，今一下箸费二十八千，吾不堪也。"之后就停箸不食。

在赵祯生命的最后几年中，他的臣子们，甚至还包括那些耿直净臣谏臣，一起上书请求皇帝给自己加上"大仁至治"的尊号，然而赵祯却一再拒绝。在他享国的数十年中，虽然百姓安乐，文治兴荣，但是大宋王朝的积弊却丝毫没有拆解之道。也许他是明白他并没有做出能让大宋更加强盛的贡献，所以才拒绝了这顶高帽。但是在他死后，大臣们毫无争议地给他"仁"这样的谥号。翰林学士王珪等群臣给他写谥曰："臣闻元精磅礴，济万物而不昭其迹者，荐名曰天；至德汪洋，泽万世而不有其功者，建谥于帝……惟其历古圣贤之君，莫不极所以尊明令显之称，又或至于代相袭之。夫仁者圣人之盛德，岂独未有以当之耶抑当时鸿儒巨学反略于稽求抑又天之所启、期以克配先帝之庙乎。《诗》云：'维天之命，于穆不已。'此之谓欤惟功以创业为祖，德以守成为宗，皆尊尊之大义也。先帝尊谥，宜天锡之曰神文圣武明孝皇帝，庙曰仁宗。"

仁宗朝最值得称道的事情之一，就是救济和赈灾的及时迅速，比如提供粮食给贫民，用公私房屋安置灾民，在灾民内招募兵士。甚至会贴出告示宣告米价，引得商人纷纷前来，从而达到供大于求，降低米价的目的。这样的方法，在现在看来，依旧是可行而实用的。

所以文人笔记里，官家的形象可以称得上脉脉温情。

《东轩笔录》载：仁宗一日晨兴，语近臣曰："昨夜因不寐而甚饥，思食烧羊。"近臣曰："何不降旨取索？"仁宗曰："比闻禁内每有取索，外间遂以为制，诚恐自此逐夜宰杀，则害物多矣。"时左右皆呼万岁。又春日步苑内，屡回顾，皆莫测圣意。及还宫，顾嫔御曰："渴甚，可速进热水。"嫔御曰："官家何不外面取水，而致久渴耶？"仁宗曰："吾屡顾，不见镣子，苟问之，即有抵罪者，故忍渴而归。"

虽然忍渴并不是什么很难的事情，但是对于一个皇帝来说，会担心镣子（宋代司茶者）会被怪罪而忍着渴回宫，或者怕晚上杀羊成为惯例，多害生灵而不愿意在半夜肚子饿的时候想吃烧羊，是多么难能可贵的悲天悯人。

甚至对于在其他皇帝眼里某些大逆不道的事情，仁宗有时候也是一笑而过。比如当时大名府有一个府兵在手臂上生了个像龙的瘤子，这在别的皇帝眼里大概是定斩不饶的，然而仁宗听了不过是笑道："此何罪耶？"便把这个府兵放了。

所以说，仁宗朝那些名传千古的诤臣名相，或者风花雪月的诗人骚客，再或者愤世嫉俗的酸腐秀才们，之所以能在种种史书笔记里留下他们的身影，这要得益于官家的宽宏和雅量——有这样一位连普通奴仆甚至口中肉食都怜悯体贴的皇帝，那么，一向被宋代官家们厚待的读书人士大夫们，更不会担心伴君如伴虎说错话办错事掉脑袋什么的了。

所以，对那时候的文人来说，他们甚至会不自觉地用各种现在让我们看来可以用肉麻来形容的词语来形容他们心中的官家。会有诸如"海妙又言尝观仁宗二十许岁时，祀南郊回，坐金辇内，日初出，面色与金光相射，真天人也"这样让人看了不禁浮想联翩的形容。甚至人们会把官家久病而愈归结为天神感怀仁宗的仁心，再送给他一纪的寿命：

"仁宗至和间，不豫，昏不知人者三日。既愈，自言梦行荆棘间，周章失路，有神人被金甲，自天下，谓帝曰："天以陛

下有仁心，锡一纪之寿。"帝曰："吾当何归？"神人曰："请以臣之车辖相送。"帝登车，问："神人何人？"曰："臣所谓葛将军者。"帝寤，令检案道藏，果有葛将军，主天门事，因增其位号，立庙京师。帝自此御朝，即拱默不言，大臣奏事，可即首肯，不即摇首。"

这样的轶事，似乎很难套用在其他皇帝身上，因为其他或雄才伟略或者平庸乃至暴虐的皇帝，他们的主旋律永远不会是宽仁开明。于是在这个时代，诸如范仲淹、韩琦、富弼、包拯这样的名臣贤士，欧阳修、文彦博、吕夷简这样的王佐之才，王安石、司马光、苏轼这般的文学名士，都在仁宗朝或是执掌朝政，或是崭露头角，这即是："仁宗之世，号为多士，三世子孙，赖以为用。"

而这个人，大概是唯一一个敌邦会为他设下衣冠冢拜祭的帝王。他去世后，辽国的皇帝耶律洪基为他的去世而失声痛哭。在宋国境内，从洛阳到汴梁，从蜀地到南国，罢市巷哭，数日不绝。就连路旁汲水的夫人也头戴着白纸痛哭先帝的逝去。

宋真宗赵恒

宋真宗后

宋史给了仁宗极高的评价:"在位四十二年之间,吏治若偷惰,而任事 蒉残刻之人;刑法似纵弛,而决狱多平允之士。国未尝无弊幸,而不足以 累治世之体;朝未尝无小人,而不足以胜善类之气。"

为人君,止于仁。有此足矣。

说完了仁宗这个人,就要说一说群众们喜闻乐见的东西了,也就是 八卦。

赵老六这人一辈子最大的八卦,无疑就是那个传说了千年的身 世——狸猫换太子。

这故事最开始出现在元代杂剧《金水桥陈琳抱妆盒》,之后被写进 了《三侠五义》,从此之后包公老大人就揽下这档子破事。

民间传说,老六的亲爹宋真宗赵恒有俩宠妃,刘妃和李宸妃,俩人同 时怀孕,结果真宗说谁先生了儿子,就立谁做皇后。于是刘妃与内监郭槐 合谋,以剥皮狸猫调换李宸妃所生婴儿,李宸妃随即被打入冷宫,又差点 被放火烧死,从而流落民间。仁宗即位后,包拯奉旨赴陈州勘察国舅庞煜 放赈舞弊案,在半路上碰到了年老的李妃,仁宗的身世这才水落石出。

说句实话,这故事挺扯的,但是的确符合老百姓的八卦心理。虽然说 仁宗的身世没这么夸张,但是也能算得上颇有波折。这事儿要从仁宗的老 爹宋真宗赵恒说起。

宋真宗赵恒这人很有意思,经历和汉景帝有些相像。他本来没有登上 皇位的可能,然而他的二哥死了,大哥疯了,于是他当了皇帝。作为一个没 有什么魄力的皇帝,他循规蹈矩地按照太宗晚年的政策施政,而且他还有 个能干的宰相寇老西儿任劳任怨地帮他干活儿。

他的才能虽不足以和汉景帝比,但是他的老婆和汉景 帝的老婆也就是汉武帝的妈有得一拼。最大的共同点就 是——全是二婚。

真宗的皇后刘娥原本是蜀地银匠龚美的妻子，出身贫寒却长得漂亮。后来龚美因为手艺出色，被招到襄王府锻银，当时还是襄王的赵元侃无意间说了一句："蜀妇人多才慧，汝为我求一蜀姬。"龚美福至心灵地把刘娥献给了襄王。

我们无法得知当时刘娥的心情，但是却可以知道襄王大概对这位女子投入了感情。不久之后，襄王被立为太子并且改名为赵恒。太宗皇帝发现新立的太子日渐消瘦，于是询问了太子的乳母秦国夫人，才知道赵恒沉迷于刘娥的美色。得知真相的太宗大怒，把刘娥逐出王宫。然而赵恒却对刘娥情根深种，把她安置在王府的官员张耆家中。十多年的时间里赵恒一直对刘娥念念不忘。太宗驾崩赵恒即位之后，就把刘娥接到宫中。

真宗的原配郭皇后死得比较早，也幸亏死得比较早，她要是看到这事儿一定会被活活气死的。因为后位空悬，所以真宗一意要立刘娥做皇后，在这一点上可以看出，赵祯的确是真宗的亲儿子，连和臣子怄气的事儿都一模一样——虽然一个是活着封后，一个是死了封后。

反正无论群臣反对得多么激烈，刘娥最终还是成了大宋王朝的皇后。然而刘娥却有一个无比致命的弱点，那就是她没有儿子。

刘娥没有儿子不代表皇帝的其他女人没有儿子。她的侍女李氏是杭州人，南方姑娘细腻如白玉。有一次在皇后寝殿服侍真宗洗手，被真宗看上了，于是不知道主动还是被动地被真宗收了。说起来老六的出生也挺邪乎的，李氏也因此怀孕了。有一次李氏陪着真宗游园，玉钗不小心落地，真宗突然心头一动，卜了一卦：若是玉钗完好，就是男孩。结果侍从拾起玉钗一看，居然真的完好。所以说赵祯在他妈肚子里的时候就被他爹稀罕了。说起来李宸妃也挺可怜的，刚生了儿子就被皇后抱走当亲生的养了。男人死了之后就被正妻踢去守陵。太后活着的时候没人敢告诉老六他亲妈是谁，结果李宸妃还没熬过刘太后早早地就死了。死了之后刘太后本来想用埋葬宫人的礼数埋葬李妃，然而却被丞相吕夷简阻止了。

说起来吕夷简真不愧是一代名相，从这一个小小的细节里就预见到了未来可能会腥风血雨的政治风波。他建议刘太后无论如何都要厚葬李宸妃："陛下不以刘氏为念，臣不敢言，尚念刘氏，则丧礼宜从厚。"刘太后恍然大悟，听从了吕夷简的建议，用一品夫人的仪制厚葬李妃。这时候，吕夷简干了另一件胆大包天的事情，他让罗崇勋用皇后的冠服埋葬李宸妃，并用水银防腐——这个决定几乎可以说在后来挽救了刘太后在仁宗心里的形象和地位。在刘太后去世之后，不知出于什么心理，老六的叔叔燕王对他说出了真相，更重要的是，燕王表示："妃死于非命。"这对于天性孝顺厚道，且对生母心怀愧疚的赵祯来说，简直是晴天霹雳，"号恸顿毁，不视朝累日，下哀痛之诏自责"。后来亲自看到用"后"礼埋葬的生母之后，才表示"人言其可信哉"。所以说吕夷简这个行动，基本可以算是救了刘氏一族（或者说她前夫一族）。无论赵祯如何厚道，他毕竟还是一个皇帝，而且还是一个被糊弄了很多年满心痛苦无处发泄的皇帝，天子一怒，的确不是刘氏一族能够承受得了的。

刘太后可以说是一个非常聪明，且有政治手腕的女子。史书评价她："性警悟，晓书史，闻朝廷事，能记其本末。"在真宗久病之时，是当时的刘皇后在内帷视事。一般这时候铁定会有大臣蹦出来要求太子监国，这回挺身而出的是群众们耳熟能详的名人——寇准寇老西儿。这位人才跟一群人秘密地商议上疏请太子也就是赵祯监国。然而术业有专攻，寇大人是当宰相的材料，却不是搞秘密工作的料。这件事很快就败露了，于是太后非常干脆地把寇准踢出了朝堂，而后又干净利落地干掉了想要撺掇真宗废后的周怀政。虽然最后太子还是监国了，但终究还是在小太子头上多了一个"后裁制于内"的大山。

等真宗驾崩之后，遗诏"军国重事"令太后"权取处分"，于是这座大山正式压在了年龄尚处于正太尾巴上的赵

祯头上。不过刘太后也没干啥祸乱他赵氏王朝的事儿，反而罢黜了搅风搅水的丁谓，把真宗迷恋不已的天书丢进墓里给真宗陪了葬。当时朝廷政治为之一清，刘太后也逐渐站稳了脚跟。

之后，太后清算了一批贵胄亲戚，不允许授予他们官职，而后仁宗朝的能臣们逐渐出现在政治舞台上，逐渐恢复了真宗咸平、景德年间的发展势头。疏浚黄河，创立谏院，官发纸币，兴办州学，设立武科，排斥虚华，以正文风——这些能臣良吏们，在女主刘太后主政的朝廷里，逐渐地风生水起。

当然，她在晚年的时候，难免也会放纵外戚，宠信宦官，然而她身为孤女，所谓外戚也就是她的前夫龚美，并没有盘根错节的大家族。而宦官在宋代，几乎无法影响到前朝。而且最主要的是，当时朝中政治风气清肃，所以太后即使纵容外戚和宦官也掀不起多少风浪。

在当时的记载中，文人们似乎对刘太后颇有怀疑。在明道二年（1033），太后想要穿着衮冕去谒太庙，要知道衮冕是只有天子才能穿着的重要的礼服，所以参知政事薛奎讽刺道："必御此，若何为拜？"毫不留情地问刘太后，穿着衮冕，是用天子的礼节，还是太后的礼节。于是太后无奈只能穿着改造后的皇太后礼服拜谒了太庙。

此类的事件，不止一件，似乎刘太后并不是不想效仿武则天，但是却因为政治的稳定清明以及宋代对女主和外戚干政的严格限制而无法实现。

宋史曰："当天圣、明道间，天子富于春秋，母后称制，而内外肃然，纪纲具举，朝政无大阙失。"这算是对这位被话本小说抹黑了足有一千年的太后盖棺定论了。

八贤王

八贤王：烛影斧声之后的那点事儿

话说如果列出宋朝人士知名度排行榜，八贤王一定位列前十名之内——虽然已经有很多人考证过了，八王爷他其实并不是实际存在的，而是由宋初几位王室成员的特点混合而成的一个虚构的人物。这个人物在杨家将或者包青天的话本演义、戏剧乃至电视剧中都是极为重要的酱油党、围观群众以及实力偶像派。

话说这位八王爷相貌英俊，出身高贵，为人正直，谈吐风雅诙谐，而且大部分时间处于位高权重而不管事儿的状态。然后一旦正义的主角——比如包大人，再比如展昭，再或者杨家将们一遇到反派们的为难，这位王爷一定会挺身而出，用那个上打昏君下打佞臣的金锏给主角们保驾护航。

故事里的八贤王名赵德芳，如果按历史上的赵德芳来说的话，他是宋太祖第四个儿子，《宋史·宗室第一》记载：

"太祖四子：长滕王德秀，次燕懿王德昭，次舒王德林，次秦康惠王德芳。德秀、德林皆早亡，徽宗时，追赐名及王封。"

历史上的秦康惠王赵德芳，在史书中的记载并不多，但是传闻他曾经差点被立为太子，然而最终即位的是他的叔叔太宗赵光义。就史书上寥寥数段的记载，他在开宝九年（976），也就是他十七岁的时候出阁，任贵州防御使。当年十月，其父赵匡胤驾崩，其叔父赵光义继位，即改年号为太平兴国。当年赵德芳被授兴元尹、山南西道节度使、同平章事。三年冬，加检校太尉。然而在太平兴国六年（981）三月，就因病去世了，当年他才二十三岁。很多人认为他的死可能并不单纯。这也是为什么他的六世孙宋孝宗登基的时候，有人感叹"善恶终有报，天道好轮回"的原因。他的子孙里还有个人很有名气，估计对古代书画有点了解的都知道，那就是他第十代孙子——赵孟頫。

跑题跑得有点远，且不说秦康惠王赵德芳活着的时候，杨业还活得好好的。这短短的履历并不足以让他修炼成一只可以毫无

《人马图》　元·赵孟頫

赵元俨像

赵德昭像

压力地游走在皇权和臣子间的老狐狸，况且他根本就没有活过太宗朝，更别提活跃在仁宗亲政的朝堂上了。

八贤王最重要的特点之一，就是那个上朝的时候老抱在怀里的金锏，也有传说这个金锏是太祖赐给他的次子燕懿王赵德昭的。赵德昭是赵德芳的二哥，史书称："喜愠不形于色"。更是除了赵光义之外的皇位第一顺位继承人。在赵光义即位之后，被封为"武功郡王"。然而太宗却颇为忌惮这位侄子。在太平兴国四年（979），太宗带着赵德昭出征幽州。某天太宗突然失踪，大臣们惊恐不安，于是"有谋立德昭者"。后来太宗回到军营中知道这件事非常不满，回朝之后，当赵德昭提出论功行赏的时候，太宗大怒道："待汝自为之，赏未晚也！"也就是讽刺赵德昭："当您做了皇帝，再论功行赏也不迟。"于是赵德昭在太宗重重的猜忌下，不得不自刎而亡。而这时候太宗抚尸大哭，表示："痴儿何至此邪！"虽然宋太宗在兵败情急之下口出恶言可以理解，但是其间的猜忌提防不言而喻。甚至有人怀疑后来的抚尸大哭是史家为掩盖真相所作出的曲笔。

无论是死亡理由合理的赵德昭，还是无故暴亡的赵德芳，他们的共同点都是拥有皇位继承权，却青年暴亡。然而

他们都从未被封为八贤王，也没有活过太宗朝，所以这两个人选只是提供了八贤王的名字和部分性格特征。那么最有可能是八贤王的人是谁呢？

有很多人认为八贤王可能是赵元俨，也就是太宗的八儿子，赵祯的八叔。

话说赵元俨似乎是太宗最心爱的儿子，乃至于到了二十才让他出宫受封，又因他排行第八，所以宫中又叫他"二十八太保"。话说这位王爷，在宋史和宋人的笔记小说里的形象都有点神鬼避退的意思。"元俨广颡丰颐，严毅不可犯，天下崇惮之，名闻外夷。""都燕冀小儿夜啼，其家必警之曰：'八大王来也。'其畏之如此。"然而这位看起来非常严肃的王爷，却热爱看书藏书，好为文词，善写二王书法，尤其擅长飞白体。"所画鹤竹，雪毛丹顶，传警露之姿；翠叶霜筠，尽含烟之态。"由此可见，赵家皇族的确具有艺术天赋，之后生出徽宗和赵孟頫这样的大家，也不是什么奇怪的事情了。

当年在仁宗即位的时候，刘太后临朝，所以当时年富力强又深得人望的赵元俨深怕步了叔叔们的后尘，"故谬语阳狂，不复预朝谒"。也就是自称精神有问题，闭门不出。等到仁宗亲政之后，对这位王叔尊敬有加。凡是这位八王爷所请，都亲自回信。在庆历三年赵元俨卧病之时，仁宗还亲至卧室，"手调药"。《宋史》记载二人"屏人与语久之，所对多忠言"。

这样看来，所谓八贤王，大概就是赵元俨被顶着赵德芳的名字，任劳任怨地干着八贤王的活儿，结果大家光记着八贤王，把八大王给忘了——这也要怪各代小说家，光顾了同情德字辈那几个被抢了皇位的倒霉催了，结果写着写着，让这位真正的八大王"被"了上千年，也不知这算是幸运还是不幸呢？

不过，也许这位王爷，根本不会在乎这笔算不清的糊涂账。

潘美
庞籍

潘美和庞籍——被抹黑的忠臣

如果说宋代最倒霉的人，潘美和庞籍一定榜上有名。

被无辜地抹黑一千年这种事儿，简直比窦娥还冤枉。

先说说潘美。

看过《杨家将》的人大概都对潘美有点印象——而且这个印象绝对不是啥好印象。《杨家将》里的大奸臣潘仁美的原型就是这位潘美。然而在历史上，这位大人虽不能说是完全清白的，但是背上那样的黑锅，也有点冤枉。

首先，告诉各位颜控一个好消息，据可靠记载，潘美长得很好看。史书用了四个字来形容他，那就是"美少倜傥"。也就是他年轻的时候是个英俊洒脱的少年郎。而且还是那种胸怀壮志的少年郎，他曾经对朋友王密说："汉代（后汉）

将终,凶臣肆虐,四海有改卜之兆。大丈夫不以此时立功名、取富贵,碌碌与万物共尽,可羞也。"

当年周世宗柴荣还在做开封府尹,潘美投奔到他手下任典谒之职,也就是接待客人的小官,就在这时候,潘美认识了赵匡胤。等到柴荣登基之后,潘美出任供奉官。之后依靠高平之战的战功,升任西上阁门副使,后任陕州监军,改引进使。直到陈桥兵变之时,潘美从龙有功,又奉旨"谕旨中外",此后单人独骑劝降袁彦,平定李重进谋反,平南汉、收南唐、灭北汉,所向披靡,功勋彪炳。而且这人跟赵匡胤的关系还非常得铁。太祖登基之后,经常召潘美到禁中议政,甚至会像现在的好哥们一样,袒胸露背地一起豪饮,"无复君臣之礼"。甚至太祖太宗两兄弟,对他的信任达到"太祖、太宗时,诸节度使皆解兵柄,独潘美不解"这样的地步。

从史书和文人笔记来看,他的人品,根本不算坏,为人耿直,脾气暴躁又不善钻营。《随手杂录》记载:"太祖皇帝初入宫,见宫嫔抱一小儿,问之,曰:'世宗子也。'时范质与赵普、潘美等侍侧,太祖顾问普等,普等曰:'去之。'潘美与一帅在后,独不语。太祖问之,美不敢答。太祖曰:'即人之位,杀人之子,朕不忍为。'美曰:'臣与陛下北面事世宗,劝陛下杀之,即负世宗,劝陛下不杀,则陛下必致疑。'上曰:'与尔为侄。世宗子不可为尔子也。'美遂持归。太祖后亦不问,美亦不复言。后终刺史,名惟吉,潘夙之祖也。"虽然收养世宗幼子很可能是为了迎合赵匡胤的心思,但是后来平平安安地把那位改名叫潘惟吉的孩子养大,又让他入朝为官,这也算一份善缘。而且他的第八个女儿嫁给了真宗,也就是章怀潘皇后,而他的儿子潘惟熙,又娶了秦王赵德芳的女儿。太祖对他可谓是荣宠有加。

至于潘美为什么会成为故事里害死杨业的大奸臣,这只能说是因缘巧合。

话说太宗雍熙三年（986），辽人大举入侵。太宗发兵东西两路征辽。东路统帅为曹彬，西路统帅为潘美，而杨业，正好是西路潘美手下的副帅，王侁、刘文裕为护军。连克云、应、寰、朔四州。然而当时东路作战不顺，太宗下诏迁四州百姓至内地。这时候潘美所率之部负责护送百姓迁移。当潘美、杨业撤军至朔州南时，辽兵已攻陷寰州。这时候，西路大军几位统帅对于作战的意见却发生了分歧。

杨业认为："今辽兵益盛，不可与战。朝廷止令取数州之民，但领兵出大石路，先遣人密告云、朔州守将，俟大军离代州日，令云州之众先出。我师次应州，契丹必来拒，即令朔州民出城，直入石碣谷。遣强弩千人列于谷口，以骑士援于中路，则三州之众，保万全矣。"在杨业看来，辽兵正是势盛之时，不宜与之争锋。所以应该避开强敌，于石碣谷布列强弩，并以骑兵作为后援。

而这个建议却被王侁拒绝了："领数万精兵而畏懦如此。但趋雁门北川中，鼓行而往。"而另一个护军刘文裕也认为杨业的建议不可取。杨业当然对这种自取其败的意见表示了强烈的反对，但王侁却指责杨业怀有异志。杨业作为降将，最怕的当然是被人怀疑有二心，于是愤而表示："业非避死，盖时有未利，徒令杀伤士卒而功不立。今君责业以不死，当为诸公先。"

在这种时候，作为主帅的潘美保持了奇异的沉默态度。既没有支持杨业，也没有呵斥王侁，但却听取杨业的建议，在陈家谷谷口列下强弩步兵，准备接应退兵的杨业。

大军在陈家谷谷口从寅时等到巳时，也未见杨业归来。而王侁也派人到"托逻台"眺望。众人都以为辽军败了，便都不顾主将潘美的阻止而领军杀出。然而出谷二十里，便听闻兵败，众将便又麾兵退走。

结果杨业转战到陈家谷谷口时，大军已经逃得干干净净。于是即使无敌如杨业，也只能仰天长叹："此遭必死

潘美像

杨业像

矣。"然而他身边将士都愿意与之共死，最后"士卒殆尽，业犹手刃数十百人，马重伤不能进，匿深林中。契丹将耶律希达望见袍影，射之，业坠马被擒"。杨业被擒后，感叹："上遇我厚，期捍边破贼以报，而反为奸臣所嫉，逼令赴死，致王师败绩，复何面目求活邪！"于是绝食三日，死于被押解燕京的途中。

后来宋军回朝，宋太宗痛惜失此骁将，下诏云："杨业诚坚金石，气激风云。挺陇上之雄才，本山西之茂族。自委戎乘，式资战功。方提貔虎之师，以效边陲之用。而群帅败约，援兵不前。独以孤军，陷于沙漠；求之古人，何以加此！"

既然诏书里肯定了杨业的功绩，对于直接间接造成杨业战败身死的潘美和王侁、刘文裕则分别做出了如下批评："俾总援兵经涂非赊，精甲甚众，不能申明斥堠，谨设堤防，陷此生民，失吾骁将。据其显咎，合正刑书。""昨出师徒，俾其监护，固合明宣纪律，动协机宜。而乃堕挠军谋，窘辱将领，无公忠之节，有狠戾之愆。违众任情，彼前我却，失吾骁将，陷此生民。"

简单分析，虽然两者都有"失吾骁将，陷此生民"的罪责。太宗对潘美的斥责主要是不能洞察敌情，谨慎退敌。而对于王、刘二人的斥责是阻挠军谋、侮辱将领，"无公忠之节，有狠戾之愆"。也就是说，主要的罪责在王刘二人身上，而潘美是失职之过。因此，对这三人的处理是："大将军潘美降三级，王侁除名、发配金州，刘文裕除名、发配登州。"

潘美对于杨业的战死，绝对负有一定的责任，杨业和王侁的军策之争时，保持沉默的潘美绝对抱有自己的私心，毕竟杨业曾经是北汉名将，降宋之后又驻守边关屡有战功，而且太宗又做出礼贤下士的姿态，"密封囊装，赐予甚厚"，这就引起了有从龙之功的老臣们的不满。而这恐怕就是潘美等人对他颇有戒心的主要缘故。而在陈家谷谷口无法节制王侁则是杨业战死的一大原因，所以说潘美对杨业之死有推脱不掉之责。然而从《宋史》等史书的记载来看，先是出言讽刺，而后违反主将将令擅自出谷抢夺功劳的王侁才是造成这一悲剧的主因。而潘美的所作所为，大概就是因为嫉妒和提防之下的默许。

所谓空穴来风未必无因，后世的传说未必没有现实的因素，在宋代，已经有人暗指潘美害死杨业了。苏辙《过杨业无敌庙》诗："行祠寂寞寄关门，野草犹知避血痕。一败可怜非战罪，太刚嗟独畏人言。驰驱本为中原用，尝享能令异域尊。我欲比君周子隐，诛彤聊足慰忠魂！"周子隐是晋代名将周处，因为忠正刚勇不阿谀奉承得罪了梁王司马彤，后来在战场上司马彤坐视其战死沙场。周处和司马彤暗喻何人，明眼人一眼就能看出。之后元明清小说家们各种夸张演义，就给我们塑造出了一个标准的奸臣坏蛋形象——也就是我们耳熟能详的潘仁美。

如果说潘美被抹黑还有点依据，庞籍那倒霉催的奸臣名声纯属是无中生有。

可能提起庞籍，有的人一下子想不起来是哪位，但是如果提起庞太师，估计大家就都知道是谁了。

话说庞太师作为仁宗朝最大的反派之一，身处太师的高位，闺女是仁宗宠妃西宫娘娘。平时里最大的爱好就是跟忠臣，比如包大人、呼家，再比如杨家、八贤王掐架。结果

让不明真相的群众，觉得这位太师大奸大恶祸国殃民，敢与秦桧一较长短。

事实上，细细看来，发现真相并非如此。庞籍，以及他的儿子庞元英、庞恭孙都在《宋史》中有传记其生平。

庞籍，字醇之，单州成武（今山东成武）伯乐集镇庞楼村人。他出生在宋太宗端拱元年（988），他的父亲是国子监博士，这给他打下了深厚的文化基础。全宋词第九百一十三卷就收录了庞籍的一首《渔家傲》，词云：

儒将不须躬甲胄，指挥玉尘风云走，战罢挥毫飞捷奏。倾贺酒，三杯遥献南山寿。

草软沙平春日透，萧萧下马长川逗，马上醉中山色秀。光一一，旌戈矛戟山前后。

这诗虽然看着有拍马屁的嫌疑，但是格调依旧开阔雄壮。文如其人，可想此人胸襟定不可能如传说那般偏激狭小。

庞籍少年时即熟读经史，大中祥符八年，年仅27岁的庞籍及进士第。这个岁数考中进士，在当时人眼里，绝对是年少有为，青年才俊。而后便于黄州任从九品的司理参军，这个官职主要是掌管狱讼，虽然官不大，但是事情着实不少。然而庞籍却能轻松地胜任这个官职的工作，执法如山，足智多谋，被当时的上峰知州夏竦认为"有宰相器"。而后在夏竦举荐下，庞籍调任开封府，为八品兵曹参军，也就是掌管开封府防烽、驿门、禁田猎、仪仗等事。不久庞籍就被当时开封府知府薛奎赏识，保荐至开封府法曹参军，主掌开封府的一切刑名之政。而后又一路青云直上迁至了大理寺丞、知襄邑县。

天圣五年（1027），庞籍被召入京，奉命撰修《天圣编敕》。书编成后，庞籍因功而擢为刑部详覆官，主管审查全国各地上报案件。没多久就被调任至群牧司任群牧判官，主掌全国马政。一上任他便到各地去巡视，发现各地马政弊端无数，而这时，庞籍并没有选择和光同尘，而是直接面圣，陈述此弊："旧制不以国马假臣下，重武备也。枢密院以带甲马借内侍杨怀敏，群牧覆奏，乃赐一马，三日，乃复借之，数日而复罢。枢密掌机命，反覆乃如此。平时，百官奏事上前，不自批章，止送中书、枢密院。近岁玺书内降，浸多于旧，无以防偏请、杜幸门矣。往者，王世融以公主子殴府吏，法当赎金，特停任。近作坊料物库主吏盗官物，辄自逃避。以宫掖之亲，三司遽罢追究。今日圣断乃异于昔，臣窃惑焉。祥符令检下稍严，胥吏相率空县而去，令坐罢免。若是，则清强者沮矣。"

而后，因为为人刚正，精于政事，庞籍升任秀州知州。明道二年（1033）五月辛未，"召为殿中侍御史"。所谓殿中侍御史，主要掌管百官朝会失仪事。

这时发生了一件事，明道二年三月甲午，章献太后即刘娥崩，遗诰言："章惠太后议军国事"（章惠太后即杨太后）。然而这对仁宗皇帝来说，并不是个好消息。这时臣子们纷纷上书反对垂帘听政。而庞籍更激进："请下阁门，取垂帘仪制尽燔之。"这样堪称冒险的行为终于使仁宗亲政的争论有了突破口，最后，以杨太后放弃朝政，退居后宫为结局。仁宗皇帝得以亲政。而此时宰相张士逊趁机排除异己，结党营私。庞籍又上书曰："陛下躬亲万机，用人宜辨邪正、防朋党，擢进近列，愿采公论，毋令出于执政。"因此，御史中丞孔道辅认为当时"言事官多观望宰相意，独庞醇之，天子御史也"。这也是后来仁宗对庞籍亲信有加的原因之一。

仁宗亲政之后，庞籍任开封府判官，这时候仁宗的后宫却搞出一档子事儿。话说当时仁宗宠信杨美人和尚美人——对，就是和皇后掐架，导致皇后被废并且自己也被贬谪出宫那两位。这两位美人在得到帝王的宠幸之后，便开始忘乎所以，干涉朝政为所欲为。朝廷大臣多半敢怒不敢言。有一天尚美人遣内侍到开封府"教旨免工人市租"。然而庞籍认为此非后宫可插手之事，便说道："祖宗以来，未有美人称教旨下府者，当杖内侍。"而仁宗也下诏"自今宫中传命，毋得辄受"，此后后宫干政之声顿消。

但是这事儿并没有完，庞籍数次弹劾三司使范讽以权谋私。而范讽所攀附的吴守则，其女正是尚美人弟弟的妻子，当时的宰相李迪也与范讽有交往。面对庞籍的弹劾，李迪当然庇护范讽："数劾范讽罪，讽善李迪，皆寝不报，反坐言宫禁事不得实，以祠部员外郎罢为广南东路转运使。"而庞籍又上书弹劾，仁宗认为"范讽事有不尽如奏"，庞籍被贬为"太常博士、知临江军"。

没过多久，仁宗似乎察觉到了自己的错误，于是庞籍"降寻复官，徙福建转运使"。而后"景祐三年，为侍御史，改刑部员外郎、知杂事，判大理寺，进天章阁待制"。刚正不阿不畏权贵的庞籍的官运，自此亨通起来。

景祐五年十月十一日，元昊称帝。宝元元年十二月"己卯，奉宁军节度使，知永兴军夏竦兼泾原、秦凤路安抚使，振武军节度使，知延州范雍兼鄜延、环庆路安抚使"。也是在这年，庞籍被任命为陕西体量安抚使。在陕西府，他令宋军只防守不攻取，从而获得宝贵的修筑城池、历练军民的时间。

然而这时，开封府有个官吏冯士元买卖人口东窗事发，这事儿正好就发生在庞籍的所辖地陕西，因此庞籍连坐"降知汝州。徙同州，就除陕西都转运使"。所谓福无双至，祸不单行，没多久就掺和进"黄德和案"。

也就是宋夏延州之战中的刘平遭到冤狱一事。庞籍认为："德和退怯当诛。刘平力战而没，宜加恤其子孙。"又建议"频岁灾异，天久不雨。宫中费用奢靡，出纳不严，须索烦多，有司无从钩校虚实。臣窃谓凡乘舆所费，宫中所用，宜务加裁抑，取则先帝，修德弭灾之道也。今宿兵西鄙，将士力战，弗获功赏；而内官、医官、乐官，无功劳，享丰赐，天下指目，谓之'三官'。愿少裁损，无厚赍予，专励战功，寇不足平也"。

在这件事情上，庞籍爱惜人才，处事公允，以至于文彦博对庞都是刮目相看。所以在庆历元年，庞籍复职"龙图阁直学士，知

司马光像

延州"不久又兼任了"鄜延都总管、经略安抚缘边招讨使"。而后他力辞延州观察使之职，被加官为左谏议大夫。此时西夏已攻陷了金明、承平、塞门、安远、栲栳砦等地，边境百姓纷纷逃亡内地，宋军士气尽丧。而庞籍在这时"补绽茹陋，抚民以仁"，"稍葺治之"，手下兵士由于畏惧庞籍，没有一人犯法违禁。庞籍还派手下的部将狄青在桥子谷修筑招安砦，招募百姓屯田作为军粮。之后周美攻取承平砦，王信修筑龙安砦，不久便悉数收复了被西夏占据的土地。

而这时李元昊派李文贵带着野利旺荣的书信前来投诚，庞籍认为这是诈降，于是在青涧城驻扎军队。数月后，元昊果然大举进犯定川。而后李元昊以野利旺荣的名义修书一封。正好这时候仁宗对战争已经厌恶到了极点，便决定招安，或者说议和。他派遣庞籍回报书信，称呼旺荣为太尉。这时，庞籍劝谏道："太尉三公，非陪臣所得称，使旺荣当之，则元昊不得臣矣。今其书自称'宁令'或'谟宁令'，皆其官名也，于义无嫌。"意思是，如果叫旺荣为太尉，那元昊也就不是臣子了。李元昊想让宋承认他的帝位的阴谋，被庞籍识破而失败。

而后李元昊称臣纳贡，庞籍因功升任枢密副使。此时道："自陕西用兵，公私俱困，请并省官属，退近塞之兵就食内地。"也就是裁军。皇祐二年仁宗降诏裁军，从而大宋军

194 ▶▶▶

费开始骤减。

庆历八年（1048），庞籍升任为"参知政事，拜工部侍郎；次年，也就是皇祐元年（1049），庞籍改任"枢密使，迁户部"；不二年，也就是皇祐三年（1051），庞籍官"拜同中书门下平章事、昭文馆大学士、监修国史"兼译经使。这也是他第一次称相。

在庞籍称相的时间里，他提拔了狄青、司马光、范缜、周美、李师中、王莆等等英才。然而又因为他的个性得罪了内宦、言官，之后便在皇祐五年无奈罢相，贬至郓州当知州。数月后，又"加观文殿大学士，拜昭德军节度使、知永兴军，改并州"。

嘉祐二年（1057），宋仁宗染病，庞籍上书"请择宗室之贤者为皇子"。仁宗念其忠心有加，想要他回京，却被众多官员阻止，只能将庞籍贬官为"观文殿大学士、户部侍郎、知青州"。嘉祐五年（1060），庞籍被召还京。这时已经七十二岁的庞籍告老，"以太子太保致仕，封颍国公"。他逝世时，宋仁宗赠他大司空衔，谥号"庄敏"。

《宋史》对庞籍一生的评价颇高："籍晓律令，长于吏事。持法深峭，军中有犯，或断斩剐磔，或累笞至死，以故士卒畏服。治民颇有惠爱，及为相，声望减于治郡时。"

由此看来，真正的庞籍恐怕真的因为那些演义小说，背了个无比大的黑锅，这恐怕是他那个刚正暴躁的脾气，得罪了小人的缘故。可怜一代名相，一不小心沦落成了个堪比秦桧的大反派，除了人言可畏三人成虎，别无他感。

宋

狄青

狄青：悲剧的英雄

　　如果说终宋一代，哪位武将的身世最飘零，人生最传奇，最适合做一本小说的男主角的话，那无疑是狄青。

　　狄青，字汉臣。北宋汾州西河（即今山西汾阳）人。在他幼年时候恐怕没有想过他的一生会如此起伏颠沛。然而他传奇的一生，是从十六岁开始。《东都事略》记载了一个不知道是真是假的故事：

　　狄青年十六，兄素与里人号铁罗汉者斗水滨，至溺杀之。保伍方缚素，青适饷田见之，曰："杀罗汉者我也。"人皆释素而缚青，青曰："我不逃死，然待我救罗汉，庶几复活。若决死者，缚我未晚。"众从之。青默祝曰："我若贵，罗汉当苏。"乃举其尸，出水数斗而活，人皆异之。

　　这次斗殴改变了他的一生。他的哥哥把铁罗汉溺杀，而作为弟弟，狄青要替哥哥顶罪是很自然的事。然而这时候，

狄青像

范仲淹像

戏剧性的一幕发生了。狄青默默祝祷："我若日后能富贵，那铁罗汉就能醒过来。"然后他举起死者的尸体，尸体吐出几斗水又活了过来。然而死罪可免活罪难逃，狄青仍然要被处以黥刑，发配从军。而后狄青在军队里练就了一身好武艺。宝元初年，元昊造反之时，狄青就因为善骑射，被分配到陕西前线庞籍手下，任"三班差使、殿侍、延州指使"。

那时李元昊兵势正盛，宋军士气低落，而狄青每次都身先士卒。"凡四年，前后大小二十五战，中流矢者八。破金汤城，略宥州，屠咙咩、岁香、毛奴、尚罗、庆七、家口等族，燔积聚数万，收其帐二千三百，生口五千七百。又城桥子谷，筑招安、丰林、新砦、大郎等堡，皆扼贼要害。尝战安远，被创甚，闻寇至，即挺起驰赴，众争前为用。"威名之下，国人称其为"狄天使"。西夏人闻之也胆战心惊。

而最为我们所熟知的一点，就是他"临敌被发、带铜面具，出入贼中，皆披靡莫敢当"。有人传说狄青长得非常俊俏，双手白如琅玉，乃至于要戴着铜面具来增加威仪的地步。而真正让狄青带上铜面具的原因，恐怕是因为他的"黥"面吧。因为狄青每次都身先士卒，又赏罚分明，因此得到了士兵们的爱戴，而他也因为彪悍的战功而被越级提拔。

之后范仲淹、韩琦诸人来到了陕西巡视驻防。尹洙便把狄青推荐给范仲淹。二人相见恨晚，范仲淹忍不住夸奖道："此良将材也。"又送给他一部《左氏春秋》，教导他："将不知古今，匹夫勇尔。"而狄青就在范仲淹的鼓励之下发奋读书，"悉通秦、汉以来将帅兵法，由是益知名"。在他熟读兵书之后，战绩更加卓越。庆历二年（1042）十月狄青就"以功累迁西上阁门副使，擢秦州刺史、泾原路副都总管、经略招讨副使，又加捧日天武四厢都指挥使、惠州团练使"。

因为这个知遇之恩，狄青一生都奉范仲淹为恩主。《清波杂志》言：他每次去范府，都要拜谒范氏家庙，再向范夫人请安，且以郎君之礼事其子弟。而范仲淹门下的种世衡也有感于狄青的诚恳好学，将自身所习兵法倾囊相授。

自葛怀敏战败后，泾原路宋军一直处于士气低迷的状态。所以调狄青去镇守，也是为了借助"狄天使"的威名，震慑敌军，重振士气。

《梦溪笔谈》卷十三权智云："青在泾、原，尝以寡当众，度必以奇胜。预戒军中，尽舍弓弩，皆执短兵器。令军中：闻钲一声则止，再声则严阵而阳却，钲声止则大呼而突之。士卒皆如其教。才遇敌，未接战，遽声钲，士卒皆止；再声，皆却。虏人大笑，相谓曰：'孰谓狄天使勇？'时虏人谓青为'天使'。钲声止，忽前突之。虏兵大乱，相蹂践死者，不可胜计也。"这个以寡敌众的战例被无数的战术书引用。本来交战讲究"一鼓作气再而衰三而竭"。而狄青却利用了对方的这个盲点，打了对方一个措手不及。而在一次追击时，发现西夏军拥塞在山脚，狄青却鸣钲阻止了士兵再战。而后等敌人退走之后，果然在前方有一处断崖。沈括颇有狄青铁杆粉丝的态势，评价狄青治军之法道："譬如弈棋，已胜敌则可矣，然犹攻击

不已，往往大败。"狄青在打败敌人之后，谨守穷寇莫追，从而也就避免了犯下刘平、任福那样的错误。

仁宗听闻狄青的骁勇善战，想要召狄青进京陛见，"问以方略"。然而这时西夏人围攻渭州，狄青便把克敌方策画成图形，呈献京城。西夏李元昊称臣纳贡之后，朝廷彻查陕西各路将帅的贪污问题。泾原路经略招讨使张亢涉嫌挪用公款被贬离了泾原路，作为副官的狄青也连坐被调查。而毫无政治经验的狄青，毫无疑问地被老于斗争的文臣耍得团团转。面对滥用公使钱的指控，狄青丝毫不知该如何反驳。据《续资治通鉴》记载，此时是欧阳修上书替狄青解围的："近来传闻燕度勘鞫滕宗谅事，枝蔓句追，囚系满狱，人人嗟怨，自狄青、种世衡等，并皆解体。乞告谕边臣以不枝蔓句追之意，兼令今后用钱，但不入己处，任从便宜，不须畏避，庶使安心用命立功。""臣风闻边臣张亢，近为使过公用钱，见在陕西置院根勘，干连甚众。亦闻狄青曾随亢入界，见已句追照对。臣伏见兵兴以来，所得边将，惟狄青、种世衡二人，其忠勇材武，不可与张亢、滕宗谅一例待之。且青本武人，不知法律，纵有使过公用钱，必非故意偷谩，不过失于点检，乞特与免勘。"而对狄青有知遇之恩的知渭州尹洙也上书道："青于公用钱物，无毫分私用，不可以细微违误，令其畏惧。望特旨谕青，庶安心专虑边事。"

这两人都强调狄青只是个武夫，不懂法律，并非故意使用公钱。而且在知道朝廷审计之后，狄青惶遽不自安，希望朝廷能下旨安抚，使他能安心边事。而狄青也是知恩图报之人，在多年之后，尹洙死于贬官的任上后，而狄青一直不忘尽力接济尹家的妇孺。

这件事之后，狄青迁"徙真定路副都总管"，而他却与掌印正官韩琦不和。韩琦敢当面抓住错处杀掉狄青的旧部而毫无顾忌，其主要的原因，还是当时之人都看不起当兵出身的官员，甚至连妓女都敢当面讽刺黥面的狄青"劝斑儿一杯"。

说到黥面，仁宗曾经劝他敷药抹去这个印记，而狄青指着黥字作答："陛下以功擢臣，不问门地，臣所以有今日，由此涅尔，臣愿留以劝军中，不敢奉诏。"

皇祐四年六月，宋仁宗"顾将帅之臣无逾公者"，升他为枢密副使。虽然御史中丞王举正、左司谏贾黯、御史韩贽这几个文官都表示了坚决的反对，然而却无法阻止仁宗的这个决定。仁宗虽然能一力将狄青提拔进中枢，然而却不能阻止士子们轻蔑地称呼狄青为"赤枢"。

狄青出任枢密副使前后，南疆叛乱，张忠、蒋偕皆不敌，而地方连破岭南州郡，逼围广州，情势十分危急。这时庞籍推荐枢密副使狄青为帅，狄青也念及君恩，主动请战："臣起行伍，非战伐无以报国。愿得蕃落骑数百，益以禁兵，羁贼首致阙下。"

狄青到岭南之后，首先向皇帝建议停止借交趾兵马助战的决定。而后整顿军队按兵不动，又从各地调拨粮草，迷惑侬智高，让他以为宋军在近期内不会进攻。而后却乘敌不备，突袭占据昆仑关，接着命令一部分军队从正面进攻。又亲率领骑兵，分左右两翼，绕道其后，前后夹攻，一战而胜。

岭南平定后，仁宗想要提拔狄青为枢密使，却受到了一直支持狄青的庞籍的反对，这也是因为终宋一代重文轻武，连有从龙之功的开国功勋都仅仅是重赏财货。于是仁宗只能赐予狄青宅第并恩升了他两个儿子的官职。

然而即使有庞籍的庇护，狄青还是在不知觉之间卷入政治斗争。参知政事梁适极力赞成狄青出任枢密使。此人认为，狄青上任，便可以将高若讷挤走，而另有一名枢密使王贻永是出身外戚的武官。枢密使不可能全为武官，所以宰相之职非他莫属。庞籍极力反对狄青升任枢密使在很大程度上也是因为这个原因。

然而，成也仁宗的心软，败也仁宗的心软，梁适暗底里勾结宦官石全彬，让仁宗认为对狄青封赏过薄，终于还是在

皇祐五年五月晋升狄青为枢密使，梁适也在不久后进位宰相。

这时的狄青，达到了一生的最高峰，士兵和百姓都传说着他的故事，敬仰着这位无敌的将军。"每出，士卒辄指目以相矜夸。"乃至于在狄青出行的时候，围观的士兵百姓阻塞了大街小巷。

所谓盛极必衰强极则辱。文人们是绝对不会允许一个武人占据枢密使的高位的。

"言者以青家狗生角，且数有光怪。"谣言的散布者说，狄青家的狗长角，晚上有光怪。这还算是轻的，更有甚者，说他穿着明黄的衣服出入，直指狄青有僭越之心……这样的话，绝不仅仅是韩琦一个人专利。

至和三年仁宗病重，又赶上中原水灾。这时手握军权的狄青就成了大宋王朝不稳的根源。吕景初、欧阳修、文彦博几人给皇帝的上书中，肯定了狄青的功绩和忠心，然而却提出，狄青虽然是忠于宋王朝的，但是他的部下却不一定，否则太祖赵匡胤的皇位又是怎么来的呢。

欧阳修虽然没有私心，但是他却开了一个不好的头。"其后贼桧（秦桧）得以诬陷武穆（岳飞）者，亦袭（欧阳修）故智也。"反正在宋代文臣眼里，武将们建立不世功业后，不造反也要造反的。

嘉祐元年八月狄青被免去枢密使，"出判陈州"。狄青困惑地去问文彦博贬斥的理由，然而文彦博只能回答是朝廷怀疑您。

在陈州的日子里，朝廷每隔两个月就派使者去看望他，名为慰问，实为监视。很快，狄青就因为忧虑激愤而去世了，享年只有四十九岁。仁宗听闻狄青的死讯，悲不自胜，追封他为中书令，谥武襄。刚强直理曰武，威强敌德曰武，克定祸乱曰武，刑民克服曰武，夸志多穷曰武。起于微末，名动夷夏的一代名将，终究也敌不过君王见疑，积毁销骨。

李师师
严蕊

李师师和严蕊——轰动朝野的青楼女子

　　孟元老写过一本书，叫《东京梦华录》。在不算太长的文字里，孟元老怀念着那个繁花似锦活跃而开放的城市。"举目则青楼画阁，绣户珠帘。雕车竞驻于天街，宝马争驰于御路，金翠耀目，罗绮飘香；新声巧笑于柳陌花衢，按管调弦于茶坊酒肆。八荒争凑，万国咸通。集四海之珍奇，皆归市易；会寰区之异味，悉在庖厨。"也许那时的开封并没有那么美好，然而在家国飘零之人眼里，即使街上最简单的绿豆凉水也成了最美好的回忆之一。

　　那是一个纸醉金迷的时代，而汴梁作为整个王朝的政治文化经济中心，更是奢侈颓靡。古人有言：食色性也。又言：知好色而慕少艾。吃和美色，一向是世俗文化里的两大不朽的主题，在宋代这样物质生活极度丰富的时代，自然也不例外。

　　那时候的酒楼，并不像现在这般仅仅是个吃饭喝酒的地方，食和色在这里结合到了一起：酒店里的陈设极尽精

美，食器居然大多是金银打造的。除了昂贵的餐具摆设，这些酒楼里还有不少呈身献艺劝酒的娼妓。"凡京师酒楼……南北天井两廊皆小阁子，向晚灯烛荧煌，上下相照，浓妆妓女数百，聚于主廊上，以待酒客呼唤，望之宛若神仙。"

当时不管公私，上等的酒家，都有娼妓陪酒。特别是在官府开设的酒家里，揽客的都是官府下辖的官妓。而宋代这样肆无忌惮任由官妓出入官办酒家的主要原因，是因为当时酒税是国家财政收入的最大支柱，是当时庞大的军费和官员薪酬的来源。为了增加官卖酒水的收入，官府就选派隶身乐籍的美貌官妓，在酒肆里吹拉弹唱调笑歌舞招引顾客。自然"歌管欢笑之声，每夕达旦，往往与朝天车马相接。虽风雨暑雪，不少减也"。

当时宋代官办的酒楼非常多，诸如"和乐楼、和丰楼、中和楼、春风楼、太和楼、西楼、太平楼、丰乐楼、南外库、北外库、西溪库"等等，都隶属于户部点检所管辖。而自从酒楼里安置了官妓，本来负责管理酒水专卖和官营酒店的户部点检所，又加上了

《姚大梅诗意图》　清·任熊
作者系"海上画派"开派之祖，深得宋人笔法

一项管理官妓的工作。

在每个酒楼里的官妓多的能有数十人，当食客登楼之后，便好像后世清代皇帝翻后宫牌子一样，"以名牌点唤侑樽"，这个流程有个风雅的名字叫做"点花牌"。眼见着官营的酒馆因为陪酒的娼妓而生意兴隆，私营的大酒楼也纷纷仿效，招私妓陪酒。甚至梳妆打扮比官妓还要花枝招展，白天，这些娼妓们穿着时兴的衣裳扮着流行的妆容，笑容满面地招揽客人。到了傍晚，她们则会"各戴杏花冠儿，危坐花架"，"夏月茉莉盈头，春满绮陌，凭槛招邀，谓之卖客"。

不要以为做娼妓只要好看就行了，好看只是最基本的要求，这些娼妓们大多精通曲艺，善于歌咏，识文断字，对书法绘画要有一定的鉴赏能力，艺术修养远远高于普通的女子，甚至有些名妓还精于填词，文采卓然。

这些陪酒的娼妓分为三等，"一等特髻大衣者，二等冠子裙背者，三等冠子衫子袴者"。点其花牌的价钱自然不等。每日里流连酒肆的一般都是商人和没有功名的士子。当时已经出台了相关的律令，身为官员禁止宿娼，所以官私酒楼里，多是各地挥金如土的商人。然而对于受过专业艺术教育，擅长琴棋书画的官妓们来说，这些身上充斥着铜臭味的商人们很难得到她们的青睐。所以很多时候，即使那些大商人们砸下大笔的金银，也是很难见到那些顾影自怜色艺俱佳的上等官妓的。

而与之相反，每次太学生宴饮，都会下帖子点几位名妓作陪奉酒。而这时，这些名妓们都会欣然前往，和对待商人的态度截然不同。这大概是因为当时文人地位尊崇，但凡有诗名才学，必定受到身处贱籍的名妓们的仰慕和推崇。那些受过歌舞诗词教育的名妓们，也很容易被文人们所吸引产生共鸣，从那些才华横溢的文人们身上领略到真正的艺术。所以对于那些名妓们，文人才是她们最重要的客人，而那些商人们，则是不值一提的。对于不得志的文人，得到蕙质兰心的名妓青睐，可稍稍慰藉他们失意的心灵。一如柳永的《鹤冲天》："烟花巷陌，依约丹青屏障，幸有意中人，堪

204 ▶▶▶

寻访。且恁偎红翠,风流事,平生畅。青春都一晌,忍把浮名,换了浅斟低唱。"

这些文人们饭饱酒酣挥笔而下的新词,第一读者除了同席的词人骚客,就是陪酒的妓女,赋词之后,往往还要这些精通词曲的女子演唱新词佐酒。而那些最上等的娼妓,本身也精于填词,词风多清丽缠绵,这也是文人们愿意把那些蕙质兰心颇具文学修养的妓女引为知己的原因。

话说甚至有娼妓因为善于文辞,而得以脱出贱籍。有官妓名聂胜,当时有位士子名叫李之问,二人相见后颇为情投意合。后来李之问要到京师去,两人难舍难分,才分别几日,聂胜便写下一首《鹧鸪天》寄给李之问,词云:"玉惨花愁出凤城,莲花楼下柳青青。青樽一曲阳关调,别个人人第五程。寻好梦,梦难成,有谁知我此时情?枕前泪共阶前雨,隔个窗儿滴到明。"后来这首词被李之问的妻子看到了,便问他这词的来历,李之问据实以告,李妻喜欢这词的清俊,便出妆奁替丈夫将喜爱的名妓赎身娶回家中,传为一时美谈。

若说宋代最出名的娼妓,莫过于李师师。从一国之尊徽宗皇帝,到风流才子周邦彦,乃至后世小说里的燕青,都是她的裙下之臣。《贵耳集》里有一则轶事让我们能一瞥李师师的魅力。话说有一次宋徽宗去看望李师师,正巧周邦彦先到了,他一听到宋徽宗驾到,便躲到了李师师的床底下,结果非常不幸地被迫听了半天李师师和徽宗的情话,然后不知道出于什么心理,他把听到的话写了一首小词,词云:"并刀如水,吴盐胜雪,纤指破新橙。锦幄初温,兽香不断,相对坐调笙。低声问:向谁行宿?城上已三更。马滑霜浓,不如休去,直是少人行!"宋徽宗知道这事儿之后,非常生气,把周邦彦赶出了京城,而李师师送别了周邦彦之后,脸上犹有哀色。后来李师师唱了一首周邦彦的词给宋徽宗祝寿，宋徽宗这才又把周邦彦召回了京城。这则皇帝和臣子争风吃醋的轶事流传了千年，也成就了李师师千年的艳名。

除了李师师，还有一位在小说戏剧里被传唱了千年的名妓，那就是严蕊。

严蕊原本姓周，字幼芳。为台州营妓，善操琴、弈棋、歌舞、丝竹、书画，学识不凡，工于诗词。这位名妓出名之处更多是在于侠义风骨而不在艳名。

话说在南宋淳熙九年，台州知府唐仲友为严蕊、王惠等四人落籍。而同一年，朱熹巡行台州，因为唐仲友永康学派的学说反对程朱理学，所以朱熹连连上书弹劾唐仲友，其中一条罪名就是唐仲友与严蕊有伤风化。朱熹下令黄岩抓捕严蕊，施以鞭笞，逼其招供。"两月之间，一再杖，几死。"然而严蕊宁死不从，并说道："身为贱妓，纵合与太守有滥，科亦不至死；然是非真伪，岂可妄言以污士大夫，虽死不可诬也。"

这件事让朝野内外议论纷纷，最后连孝宗都听闻了此事，孝宗认为这件事不过是"秀才争闲气"。于是便将朱熹调离台州，并且派岳飞后人岳霖任提点刑狱，岳霖在释放严蕊之时，问她今后的打算，这时候严蕊写下了那首脍炙人口的《卜算子》："不是爱风尘，似被前缘误。花落花开自有时，总赖东君主。去也终须去，住也如何住！若得山花插满头，莫问奴归处。" 岳霖看了这首词，便令严蕊从良，后来严蕊被宗室纳为姜室。却不知道这位愿意"山花插满头"的一代名妓，嫁人后最终有什么结局。

《二刻拍案惊奇》中有《硬勘案大儒争闲气 甘受刑侠女著芳名》这回书，写的就是这个故事。鲁迅先生曾经挖苦朱熹小心眼，为了一点破事儿就严刑拷打无辜的官妓。然而从南宋《夷坚志》里的记录来看，很可能是因为唐仲友滥用职权，私放官妓，而且在严蕊还没有脱籍的时候，就允许她去外地居住，才连累了这位名妓受了一场牢狱之灾，原文如下：

台州官妓严蕊，尤有才思而通书，究达今古。唐与正为

守，颇属目。朱元晦提举浙东，按部发其事，捕蕊下狱，杖其背，犹以为伍佰行杖轻。复押至会稽，再论决。蕊堕酷刑，而系乐籍如故。岳商卿霖提点刑狱，因疏决至台，蕊陈状乞自便。岳令作词，应声口占云："不是爱风尘，似被前身误，花落花开自有时，总是东君主。去也终须去，住也如何住，若得山花插满头，莫问奴归处。"岳即判从良。

而从朱熹的奏折里来看，那位姓唐的怕也不是什么好人，朱熹弹劾唐与正的罪状包括苛剥百姓、搜括民财、贪污公库、受赃枉法、生活腐化等等，由于这位唐大人是宰相的亲戚，结果六本都没有把他参倒，于是朱熹使出了最后一招——辞官，这才逼得皇帝把唐与正调离台州。

而严蕊在折子里供认唐与正想要纳她做妾，然后怕她不随之去江西，便并没有正式办脱籍手续，而在籍的官妓到他地居住，在宋代是属于犯罪行为的，因此严蕊被杖刑，其实也是有理可据的。而后严蕊又供认干涉公事，替人说情收人财物，这才有了第二次杖刑。

这件事到底是朱熹小心眼还是唐仲友真的有罪，恐怕现在的人，也很难说得清了。

总的说来，在宋代，无论是做官妓，还是做私妓，都不是一件很容易的事情。特别是，如果想要成为名妓，硬件软件都要过硬，既要貌美如花，还要能歌善舞；要精通文墨，还要善解人意——而且还很容易掺和进政治斗争。更悲催的是，一入乐籍，就很难再脱身。所以，那些小说里随便唱唱什么《东风破》跳跳肚皮舞就迷倒众生的穿越女们，在那时一流的名妓眼里，绝对只是一个笑话。

石延年

石延年：芙蓉花神酒国风流

似乎历史上名为延年的人，都脱不了风流气。比如汉武帝时，用一曲"北方有佳人，绝世而独立"把妹妹送进未央宫里的李延年，比如南朝刘宋文章冠绝的颜延年，再比如仁宗朝被众人赞许有谪仙遗风的石延年。

石延年，字曼卿。祖上生在幽州，后来石敬瑭把燕地割让给辽国之后，石曼卿的祖上就迁移到了宋州，也就是现在的河南商丘一带。

当时石介写了一首《三豪诗》言："曼卿豪于诗，永叔豪于文，杜默师雄豪于歌。"且不说后两位如何，当时之人都认为石曼卿配得上这个赞誉。

石曼卿自幼才气过人，《宋史》称之为"跌宕任气节，读书通大略，为文劲健，于诗最工而善书"。然而不幸的是，他考了三次进士，都没有考中，好不容易考中了，结果又查出了弊案，所有士子一起重考，这回石曼卿再次落榜。官府将落榜者集合到兴国寺，追回赐予的衣服和诰牒。根据《续墨客挥犀·被黜者受三班借职》的记载，其他落榜的士子都如丧考妣，而只有石曼

卿坦然地脱下衣服光着膀子带着幞头,谈笑自若。他还以唐诗集句成诗,做《下第》诗一首:"年去年来来去忙,为他人作嫁衣裳。仰天大笑出门去,独对春风舞一场。"

到了第二天,朝廷发出旨意安抚落榜之人,授予他们三班借职的官位。所谓三班借职是宋代最低等的武将职位,分东、西、横三班。其他落榜的人都欣然接受,而石曼卿却深以为耻,考不上也不需要朝廷可怜,还写了一手绝句来讽刺这事儿:"无才且作三班借,请

石延年像

俸争如录事参。从此罢称乡贡进,直须走马东西南。"

然而这时候一直很欣赏石曼卿的张知白劝告他说:"汝母择禄耶?"结果石曼卿为了奉养母亲便只能把这个芝麻大点的小官做下去了。后来官运也挺起伏的:"以右班殿直改太常寺太祝,知金乡县,有治名。用荐者通判乾宁军,徙永静军,为大理评事、馆阁校勘,历光禄、大理寺丞,上书章献太后,请还政天子。太后崩,范讽欲引延年,延年力止之。后讽败,延年坐与讽善,落职通判海州。久之,为秘阁校理,迁太子中允,同判登闻鼓院。"

石曼卿最出名的,就是他的豪饮。他饮酒之豪放,已经到了正史都不能不写上一笔的程度了:"延年喜剧饮,尝与刘潜造王氏酒楼对饮,终日不交一言。王氏怪其饮多,以为非常人,益奉美酒肴果,二人饮啖自若,至夕无酒色,相揖而去。明日,都下传王氏酒楼

苏舜钦像

有二仙来饮，已乃知刘、石也。"石曼卿和刘潜都是喜欢狂饮的人，这种一句话不说，对着喝一天的行为，震惊了这家酒楼的店主，于是店主便不断地送上好酒好菜，那两人镇定自若地又吃又喝，然后到了晚上，脸上毫无酒色地相揖而去。然后第二天，热爱八卦的东京市民盛传，有两位仙人光临了王氏酒楼——这简直是给王氏酒楼最好的广告。

除了能喝，石曼卿还喜欢喝出花样。他和他酒桌上的朋友一起琢磨出一大堆匪夷所思的喝酒方法，在《画墁录》里记载："苏子美、石曼卿辈饮酒，有名曰鬼饮、了饮、囚饮、鳖饮、鹤饮。鬼饮者，夜不烧烛。了饮者，饮次挽歌哭泣而饮；囚饮者，露头围坐；鳖饮者，以毛席自裹其身，伸头出饮，毕，复缩之；鹤饮者，一杯复登树下再饮耳。"这样喝酒的方式，被古龙大侠化用在《欢乐英雄》里，燕七倒挂着喝酒的灵感恐怕多多少少是来源自这几位酒国大侠。

虽然石曼卿狂饮无度，似乎难当大事，然而实际上，"他与人论天下事，是非无不当"。石曼卿曾经给仁宗上书，"言天下不识战三十余年，请为二边之备"。然而当时并没有被采纳，等到元昊造反，这才受到重视。康定年间，朝廷于西北用兵，石曼卿奉命和吴遵路巡视河东（今山西一带）。吴遵路一路上兢兢业业，昼访夕思，所到之处，皆考察图籍山川道路，会见当地守令，查访兵力军粮，费尽心血还担心有负君王朝廷所托。反观石曼卿，一路上吟诗饮酒，一副漫不经心的样子，吴遵路忍不住提醒石曼卿要专心政事，不要荒废闲游："朝廷不以遵路为不才，得与曼卿并命。今一道兵马粮饷虽已留意，而切惧愚不能烛事。以曼卿之才，如略加

之意，则事无遗举矣。"然而石曼卿笑着回答道："国家大事，安敢疏忽？已熟计矣。"说完便一一举出所经过州县的"将兵之勇怯，刍粮之多寡，山川之险易，道路之通塞"，详细备至，丝毫不错。吴遵路惊服，"以为天下奇才也"。

石曼卿不只才华横溢，心胸还极为开阔，潇洒不羁，而且极其喜欢开玩笑。《扪掌录》记载了一则轶事，话说有一次石曼卿去报宁寺游玩，结果马夫没有控好马把石曼卿摔下来了，在众人皆以为会被责罚的时候，石大学士拍了拍屁股说道："幸亏我是石学士，若是瓦学士，还不跌碎了。"围观之人皆大笑。

这位学士最出名的事迹，莫过于让皇帝绕路了。话说石曼卿在秘书省供职的时候，有一次他又在上班时候喝多了，于是就随便找了个凉爽的大殿，在廊下倒头就睡。正巧皇帝路过，侍从们正要呵斥石曼卿起身，却被仁宗阻止了。结果就是大学士躺在那里呼呼大睡，仁宗皇帝从旁绕行。

作为酒鬼，自然是生于酒，死于酒。在石曼卿的好友兼酒友刘潜去世之后，石曼卿就听从了仁宗皇帝的建议，开始戒酒，然而身体反而每况愈下。宋仁宗康定二年（1041）二月四日卒于京师，年四十八岁。

然而这位堪比谪仙人的大学士去世之后，传说他成了芙蓉花神，欧阳修《欧公诗话》云：

曼卿卒后，其故人有见之者，曰："我今为鬼仙，所主芙蓉城。欲呼故人往游，不得。"忽然骑一素骡去如飞。又降于亳州一举子家，留诗一篇，其一联云："莺声不逐春光老，花影常随日脚流。"

这则神话很可能不过是欧阳修对亡友的纪念，然而潇洒不羁才华横溢而又文采风流的石延年，的确配得上芙蓉花神的职位，唯一让人担心的，不过就是这位花神又喝多了仙酒醉倒在花丛里，晕晕乎乎地误了花期而已。

李元昊

李元昊和他的后宫们——宫心计其实很残酷

在贺兰山东的旷野上，有九座孤零零的帝陵，这些陵墓里埋葬着西夏王朝的皇帝们，而建立西夏王朝的正是一代枭雄李元昊。就如同那些已经无人可以辨识的弯弯曲曲的西夏文字一样，这位开国帝王的一生也是那样跌宕起伏。

宋景德元年（1004）五月初五，李元昊出生于灵州，也就是现在的宁夏灵武。李元昊的祖上，是当年叱咤风云的北魏拓跋氏。宋史里记载，李元昊又名曩霄，小字嵬理。元昊少年时喜穿长袖绯衣，头戴黑冠，背着弓矢，骑着骏马，前有两名旗手开道，后有侍卫步卒张青盖相随，带着百余骑兵呼啸而过，一派皇家贵胄天家王孙的派头。然而他却有自己的雄心壮志，因而，他熟读诗书经史，特别是对兵书律法极为痴迷，精通汉、蕃语言，又擅长绘画。

他的父亲李德明一直周旋于宋辽之间，休养生息。澶渊之盟之后，宋真宗为了"姑务羁縻，以缓争战"，招抚了当

时并不强大的党项族人。李德明趁机和宋朝开展互市，"门市不讥，商贩如织"。因此当时边境"塞垣之下，逾三十年，有耕无战，禾黍云合。甲胄尘委，养生葬死，各终天年"。

天圣六年（1028）五月，李德明将元昊立为太子，并立元昊的生母卫慕氏为后。次年，李德明为元昊求来了辽国兴平公主做妻子。为了避免党项人被辽国拉拢，当时宋朝册封李德明为夏王，"车服旌旗，降天子一等"。

明道元年（1032）十月，李元昊登基，虽然仍对宋称臣，但是这时李元昊已经废除了唐宋时期中原政府赐下的李和赵姓，改名为嵬理，以北魏拓跋后裔自居。

大庆三年（1038）十月十一日，李元昊自立为帝，定都兴庆府，国号"大夏"，史称西夏。李元昊命大臣野利仁荣创西夏文，创蕃学，启西夏文教之风。开凿"李王渠"，分别于三川口（今陕西延安西北）、好水川（今宁夏隆德东）及定川砦（今甘肃固原西北）大败宋朝军队，宋军死以万计。元昊的汉族谋臣张元有诗为证："夏竦何曾耸，韩琦未足奇。满川龙虎辇，犹自说兵机。"而后元昊在辽夏第一次贺兰山之战大胜辽国。然而北宋的国力和军队的确优于西夏，因此之后西夏与大宋的征战并没有获得几次胜利，而多年征战之下，西夏经济凋零，民生艰难。李元昊当机立断，于1044年与北宋签订庆历和议，对宋称臣，被封为夏王。

李元昊一代枭雄，最大的死穴就是猜忌功臣，一旦对一个臣子不满，动辄罢官，甚至直接杀掉。晚年的李元昊沉迷酒色好大喜功。为了夺走太子定亲的没移氏做妃子，他废掉了皇后野利氏和太子宁令哥，致使宁令哥趁元昊酒醉时，割掉了他的鼻子，最后元昊因此过世，享年46岁，庙号景宗，谥号武烈皇帝，葬泰陵。而宁令哥则因弑父之罪被处死。

李元昊像

究其一生，以"枭雄"二字概之足以。在后宫之中，李元昊却不如他在战场上那般叱咤风云。他娶了七次老婆，无一善终，而最后，李元昊也是死在美色上的。这不由让人感叹：善恶终有报，天道好轮回，不信抬头看，苍天饶过谁。

关于元昊的几位妻子，在《续资治长编》有一段短短的记载："一默穆氏（即卫慕氏），舅女也，生一子，以貌类他人，杀之；二索氏，始曩霄攻牦牛城，讹传战没，索氏喜，日调音乐，及曩霄还，惧而自杀；三多拉氏，早死；四密克默特氏，生子阿哩，谋杀曩霄，为鄂桑格所告，沉于河，杀密克默特氏于王亭镇；五叶勒氏（即野利氏），约噶从侄。颀长，有智谋，曩霄畏之，生三子，长曰宁明，喜方术，从道士修篁学，辟谷，气忤死；次宁凌噶（即宁令哥），貌类曩霄，特爱之，以为太子；次锡狸，早死。六耶律氏；七摩移克氏（没移氏），初欲纳为宁凌噶妻，见其美，自取之，号新皇后。宁凌噶愤杀曩霄，不死，劓其鼻，曩霄因创死"

李元昊从来都不是一个大度而能容忍功臣的人，对于自己的妻子，更是满怀戒心，有疑必诛。甚至连他的母亲都没有放过。他母亲卫慕氏的兄弟卫慕山喜曾经密谋刺杀李

214 ▶▶▶

元昊，而在阴谋败露之后，李元昊毫不犹豫地把卫慕全族都绑上石头沉河，并且鸩杀了生母。在他的表姐兼第一位妻子卫慕氏替太后求情的时候，李元昊毫不犹豫地把身怀六甲的妻子关押起来了。另一位妃子野利氏趁机向他进谗言说，卫慕氏所生的那个儿子一点都不像他，恐怕不是他亲生的，因此元昊一怒之下将卫慕母子二人一起杀掉。

李元昊有一位异国的妻子，即耶律氏，是辽国宗室女兴平公主，也是后来登基的辽兴宗的姐姐。当初党项为了与辽国结盟，李元昊的父亲替他求取了辽国宗室的公主作为妻子。然而他们的婚姻并不美满，李元昊并不喜欢这个出身尊贵的妻子。兴平公主很快因为抑郁和愁闷而去世了，李元昊根本不去看望一下自己的妻子，更别说通知辽兴宗一声了。而辽兴宗听到这个消息之后，派耶律庶带着诏书斥责元昊，而同时因为辽国"与元昊争夹山小族"，因此两国关系趋于恶化，最终导致了河曲之战。双方都伤亡惨重元气大伤，因此辽国和西夏关系彻底决裂。

另外一位不得不细说的是野利氏，出身于西夏大族。野利氏是当时朝中重臣野利旺荣和野利遇乞的侄女。最初元昊十分宠爱这位妻子，封她为宪成皇后，并生有三子，最初长子宁明被封为太子，然而因为太子生性仁慈，喜欢修道，后来跟定仙山的一个叫路修篁的有名道士练气功，因为气忤不能进食而死。所以又立了次子宁令哥（宁凌噶）为太子。

元昊立野利氏为皇后不仅仅是因为宠爱，更重要的原因是，野利家族一直是元昊称帝最有力的支持者，但是因对宋作战战绩显赫，成了元昊猜忌的根源。为了削弱部落首领在国内的权威，把权力收归到自己手里，元昊绞尽脑汁。然而这时候，宋将种世衡的反间计起到了推波助澜的效果。种世衡派死士行刺野利兄弟未果之后，便盗走李元昊赐给野利遇乞的宝刀并称野利遇乞已经投降了宋朝。于是李元昊果断地腰斩了野利遇乞，并且把野利遇乞的妻子，皇后野利氏的嫂子没藏氏，收入后宫。

野利氏对元昊极为不满，不只因为他杀掉了自己的哥哥，还因为元昊霸占了美丽的嫂嫂。因此在野利氏的干预下，没藏氏在兴庆府戒坛寺出家为尼，又因为颇有慧根，很快就成为小有成就的佛学大师，开坛讲经。

然而元昊似乎真的迷恋上这位美丽的女人了，他频频到寺院中和没藏氏约会，没藏氏很快替李元昊生下了儿子，也就是夏毅宗李谅祚。

李元昊的后宫还有几位妃子，命运皆颇为凄惨，除了早死的都罗氏，其他几位，都可以说是死于非命。出身党项大族的索氏应该是恨着李元昊的。作为李元昊的妃子，在听说李元昊战败身亡的传闻之后，竟然高兴地奏乐庆祝，然而李元昊归来之后，索氏因为害怕李元昊的报复毅然决然地自杀了。而李元昊没有放过自杀而死的索氏，族灭她全家作为亵渎夏王威严的报复。另一位出身党项大族的妃子密克默特氏，更为悲惨。她一直不被李元昊所喜，所以一直独自居住在王亭镇，她有一个儿子名为阿哩，因为痛恨李元昊而谋图造反，被鄂桑格告发，因此被李元昊沉河以儆效尤，而密克默特氏，也为儿子连累被李元昊赐死。

李元昊的妃子几乎没有善终之人，而李元昊自己，也终于是死在了女色之上。天授礼法延祚十年（1047），当时的皇太子宁令哥娶没移皆山之女没移氏，也就是史书中的摩移克氏为妻。然而元昊却看上了自己的儿媳妇，毫不犹豫地夺走作为自己的王妃。而这时，因为野利氏在朝堂上的影响力已经被剪除得差不多了，元昊废掉了野利皇后。这两件事引得宁令哥大为不满。这时没藏氏的哥哥没藏讹庞劝宁令哥杀父自立。在天授礼法延祚十一年（1048）正月十五，宁令哥闯入了元昊的住所，一刀削掉了喝得大醉的元昊的鼻子然后逃走。第二天，元昊因为伤重不治而死，享年46岁。

这时没藏讹庞以弑君罪杀掉了宁令哥和元昊废掉的野

利皇后,而拥立妹妹没藏氏年仅周岁的儿子李谅祚登基,也就是后来的夏毅宗。

没藏太后与他的哥哥没藏讹庞一直把持着西夏朝政,直到福圣承道四年(1056)被宠臣李守贵刺杀而亡。而谅祚长大之后,杀掉了舅舅没藏讹庞全家,包括他的皇后,也就是他舅舅的女儿没藏氏,又娶了没藏讹宠的儿媳梁氏作为自己的正妻。在谅祚死后,这位梁氏又以太后之尊独揽朝政。这正应了那句话——天道好轮回。

李元昊这辈子杀母、杀妻、杀子,又诛杀无数大族重臣。而他终于也死在儿子手里,而他的儿子却死在他的重臣手里。野利氏算计了一辈子,最后还是死在别人的算计里,三个儿子通通早死。看似是最后的赢家的没藏太后,最终也没跑得了,死在了前夫野利遇乞的部下的刺杀中。这样算下来,可以算得上是因果循环报应不爽。

这般看来,活在李元昊的时代,最安全的做法莫过于——离李元昊一家子远点,而且是越远越好。如此极品强大的一家,作为普通的凡人,真的是惹不起啊。

宋江

宋江：给大贼正名

话说在评论四大名著的时候有一句话非常出名，那就是"老不看三国，少不看水浒"。有笑话说，古代武将看完了《三国演义》就能在打仗时精于算计，运筹帷幄了。这虽然是个笑话，但的确也说明了三国里满世界都是谋略计策钩心斗角。而其中又多有慷慨悲歌的豪杰、穷途末路的英雄，功亏一篑的霸业，让人看了不由随之或拍案或嗟叹。而老年人一生经历，总有与之共鸣之处，便不免随着书里的种种心绪不定，或又被其影响心中多了阴谋算计，失了平静淡泊。这些统统碍于养生之事，就是之所以"老不看《三国》"的缘故。而"少不看《水浒》"，那是因为少年人年轻气盛，看多了打杀恶人、造反杀官的东西，容易受到影响。所以年纪轻的少年人还是少看《水浒》为妙。

说到《水浒传》，第一个想到的就是及时雨宋江。话说宋江平素为人仗义，好结交朋友，周济他人，因此称为"及

时雨"，意思就是，在别人有难的时候，及时周济，如同那春旱时候的及时雨一样。他还有个外号叫"呼保义"。保义郎本来是指宋代武官最低一阶，而在宋江生活的时代，常用来指称达官贵人的奴仆，宋江的呼保义是自称保义，也就是自谦的意思。

小说里的宋江原本是郓城县押司，素来与东溪村晁盖晁保正交好，后来晁盖与公孙胜等人在黄泥冈劫生辰纲事发，宋江暗中把官府追捕的消息通知了晁盖，晁盖等人上了梁山立足稳当之后，派刘唐送来了书信和一百两黄金。而后书信不慎落入了小妾阎婆惜手里，又因为阎婆惜与他人通奸，宋江怒而坐楼杀惜，之后便逃亡江湖。一年后其父让其去官府自首，被判发配江州。结果宋江在浔阳楼题反诗被判死罪，幸而梁山好汉劫法场把他救上梁山。之后晁盖在曾头市中毒箭而亡，宋江便坐上了头把交椅。梁山众好汉两败童贯、三败高俅以及天下八方节度使，并活捉高太尉。而后宋江率众接受朝廷招安。接着，梁山众人北上抗辽，讨伐了王庆、田虎，又征讨方腊。一路归来只剩27人回朝。最后，宋江被高俅所害，饮鸩酒而亡。宋江死后，军师吴用和花荣为其殉死，于宋江墓旁自缢而亡。《水浒传》故事由此而终。

历史上的确有宋江此人，然而以宋江为首的起义军其实并没有一百单八将，更没有小说里写的那么轰轰烈烈。

宋代时候的军制是募兵制度，也就是宋代的士兵都是职业性的，在发生灾荒的时候，宋朝政府还经常从流亡的饥民中招募士兵，即是"天下犷悍失职之徒，皆为良民之卫"，而为了拱卫周围缺乏屏障的开封城，禁军从地方军中选拔出强壮有力弓马娴熟的士兵进行整编。《水浒传》里说，徽宗时期有"八十万禁军"，但真实情况远远不止如此，在仁宗庆历年间，禁军数量就已经达到一百二十五万。所以终宋一代，即使一直都有农民起义，但没有他朝那种大规模蔓延全国的情况发生。

宋江之所以会起义的主要原因，应该是因为当时官府将梁山泊八百里水域全部收为公有，规定百姓入湖渔猎都要依船只大小课以重税。据《宋史·杨戬传》记载"括废堤弃堰荒山退滩及大河淤流之处，皆勒民主佃……号为'西城所'。梁山泊，古巨野泽，绵亘数百里，济、郓数州赖其捕鱼之利。立租算船纳直，犯者盗执之。"这样一来，梁山泊一带的靠水泊吃饭的百姓的生计就被彻底截断了，再加上梁山泊一带一直都是悍匪丛生，载于史册的便不知凡几，历任官员都尽心竭力地治理匪盗。《宋史·蒲宗孟传》言："梁山泊素多盗，宗孟痛治之。虽小偷微罪，亦断其脚筋。盗虽为衰止，而所杀不可胜计。"《宋史·江几传》云："梁山泊多盗，皆渔者窟穴。几籍十人为保，使晨出夕归，否则以告辄穷治，无脱者。"《宋史·任谅传》云："梁山泊渔者习为盗，荡无名籍。谅伍其家，刻其舟，非是不得辄入。他县地错其间者，刻名为表。盗发则督吏名捕，莫敢不尽力，迹无所容。"然而据史书看来，恐怕是屡禁不止，越治越多。

梁山泊在宣和年间是广济河中部的一个湖泊，距东京汴梁仅百公里左右，而广济河直接穿过北宋的都城汴梁城，又是汴梁链接东部重要的漕运通道。苏辙《栾城集》卷六有《和李公择赴历下道中咏梁山泊》诗，云："近通沂、泗麻盐熟，远控江、淮粳稻秋。粗免尘泥汙车脚，莫嫌菱蔓绕船头。谋夫欲就桑田变，客意终便画舫游。愁思锦江千万里，渔蓑空向梦中求。"注谓："时议者欲干此泊，以种菽麦。"所以说，宋江的起义正好掐住了朝廷的一条重要的命脉，对朝廷威胁极大。

宋江的起义，在史书中并没有多少描述，只在《张叔夜传》里有几句较为详细的描写："宋江起河朔，转略十郡，官军莫敢撄其锋。声言将至，叔夜使间者觇所向，贼径趋海濒，劫钜舟十余，载卤获。于是募死士得千人，设伏近城，而出轻兵距海，诱之战。先匿壮卒海旁，伺兵合，举火焚其舟。贼闻之，皆无斗志，伏兵乘之，擒其副贼，江乃降。"虽然整个起义只有三年时间，但是他的影响无疑是巨大的。

宣和元年（1119），宋江聚集三十六人正式宣布起义。元代陈泰在《所安遗集·江南曲序》中记叙到："宋之为人，

勇悍狂侠。"宋江的作战风格的确是如此。他很快就率领义军离开梁山泊，转战河朔（泛指今黄河下游南北一带）、京东东路（治青州，今山东省益都），转战于青、齐（今山东省济南）至濮州（今山东省鄄城北）间，"横行河朔、东京，官兵数万，无敢抗者。"据此看来，比起小说里占山为王的一百单八将，历史上的宋江更类似于流匪。当时的文人们在他们的笔记里记下了宋江起义军的彪悍之态。汪应辰《文定集·显谟阁学士王公墓志铭》谓："河北剧贼宋江者，肆行莫之御。"张守《毗陵集·秘阁修撰蒋圆墓志铭》谓："宋江啸聚亡命，剽掠山东一路，州县大振，吏多避匿。"如同《水浒传》小说中的描述，这群悍匪打起仗来所向披靡。

宣和二年（1120）十二月，宋江率部攻打京西、河北等地州县。根据《宋史·侯蒙传》的记载："宋江寇京东，蒙上书言：江以三十六人横行齐、魏，官军数万无敢抗者，其才必过人。今青溪盗起，不若赦江，使讨方腊以自赎。帝曰：蒙居外不忘君，忠臣也。命（侯蒙）知东平府，未赴而卒，年六十八。"宋徽宗面对咄咄逼人的起义军，准备采纳亳州知州侯蒙"赦过招降"的建议，然而侯蒙在赴任去招降的前夕去世，宋徽宗下诏给刚刚以徽猷阁待制出任海州知州的张叔夜，令其招降宋江等人。

宣和三年（1121）二月，宋江起义军从江苏沭阳乘船进攻海州，宋江同副将吴加亮等人决定从海上突破防线，攻取青州城。然而张叔夜算到了宋江等人的计策，招募千人敢死队，在城边埋伏，又派出小股的士兵作为诱饵在海滨诱战，同时将精兵埋伏在海边。宋江诸人虽然悍勇，但是终究寡不敌众，在张叔夜擒获了吴加亮之后，宋江被迫投降，接受招安。有传说，张叔夜在接受宋江的投降之后，于白虎山下把投降的三十六名将领杀害。然而，北宋末年吏部侍郎李若水《忠愍集·捕盗偶成》诗云："去年宋江起山东，白昼横戈犯城郭。杀人纷纷剪草如，九重闻之惨不乐。大书黄纸飞敕来，三十六人同拜爵。狞卒肥骖意气骄，士女骈观犹惊谔。今年杨江起河北，战阵规绳视前作。嗷嗷赤子阴又言，又愿官家早招却。我闻官职要与贤，辄啖此曹无乃错。招降况亦非上策，政诱潜凶嗣为虐。不如下诏省科徭，彼自归来守条约。小臣无路打高天，安得狂词裨庙略。"李若水的诗写于宋江投降后的第二年，从诗中可以看出宋江三十六人的确接受了朝廷的招安，而且都被封官拜爵了。

小说中写道宋江接受招安之后，受命征讨方腊。而就宋江是否真的征讨方腊这一点，在史学界依旧存在争议。

有不少历史文献明确记载了宋江的确参与了镇压方腊的战事：

杨仲良《续资治通鉴长编纪事本末》卷一四一记载："（征方腊攻帮源洞）王涣统领马公直并裨将赵明、赵许、宋江，既次洞后。"

李埴《十朝纲要》卷一八："宣和元年十二月，诏招抚山东盗宋江……宣和三年二月庚辰，宋江犯淮阳军，又犯京东、河北路，入楚州界。知州张叔夜招抚之，江出降……六月辛丑，辛兴宗、宋江破贼上苑洞。"

徐梦莘《三朝北盟会编》卷五二引《中兴姓氏奸邪录》："宣和二年，方腊反睦州……东南震动。以贯为江浙宣抚使，领刘延庆、刘光世、辛企宗、宋江等军二十余万讨之。"卷二一二引《林泉野记》："宣和三年，方腊反，光世别将一军自饶趋衢、婺，出贼不意，战多捷。腊走入清溪洞。光世遣谍，察知其要险，与杨可世遣宋江并进，擒其伪将相，送阙下。"

然而1939年陕西府谷县出土《宋故武功大夫河东第二将折公（可存）墓志铭》上出现了不同的记载：北宋宣和四年（1122）四月，折可存率部参加镇压方腊起义，"方腊之叛，用第四将从军，诸人籍才，互以推公，公遂兼率三将兵，奋然先登，士皆用命，腊贼就擒，迁武节大夫。班师过国门，奉御笔捕草寇宋江，不逾月继获，迁武功大夫……"也就是说方腊起义在被镇压之后，折可存才又镇压了宋江起义。

宋江诸人的真正结局，早已淹没在茫茫历史中不得而知了。然而从宋末开始，文人笔记杂剧小说话本，乃至到京剧里《夜奔》《坐楼杀惜》等等一处处折子戏里，这群不堪生活压迫而起义的人早已变成了忠义的化身，活在了传说里。